公路工程施工标准化指南系列丛书

广东省公路工程施工标准化指南

第五分册 隧道工程

广东省交通运输厅 组织编写

人民交通出版社股份有限公司
北京

内 容 提 要

本指南对广东省公路隧道工程各参建单位技术、人员、设备、材料、信息化及生态环保等提出了相关要求。本指南共分十三章，主要内容包括：总则，管理要求，洞口与明洞工程，超前地质预报，洞身开挖，初期支护与辅助工程措施，仰拱与铺底，防水与排水，二次衬砌，改（扩）建工程，监控量测，附属设施工程，安全生产与文明施工。

本指南可供广东省交通运输行业主管部门、公路工程项目参建单位和参建人员使用。

图书在版编目(CIP)数据

广东省公路工程施工标准化指南. 第五分册, 隧道工程 / 广东省交通运输厅组织编写. — 北京：人民交通出版社股份有限公司, 2021.6
ISBN 978-7-114-17026-3

Ⅰ.①广… Ⅱ.①广… Ⅲ.①高速公路—道路施工—标准化管理—广东—指南②高速公路—公路隧道—隧道施工—标准化管理—广东—指南 Ⅳ.①U415.1-62 ②U459.2-62

中国版本图书馆 CIP 数据核字(2021)第 021248 号

Guangdong Sheng Gonglu Gongcheng Shigong Biaozhunhua Zhinan　Di-wu Fence　Suidao Gongcheng

书　　名：	广东省公路工程施工标准化指南　第五分册　隧道工程
著 作 者：	广东省交通运输厅
责任编辑：	韩亚楠　朱明周
责任校对：	孙国靖　魏佳宁
责任印制：	张　凯
出版发行：	人民交通出版社股份有限公司
地　　址：	(100011)北京市朝阳区安定门外外馆斜街 3 号
网　　址：	http://www.ccpcl.com.cn
销售电话：	(010)59757973
总 经 销：	人民交通出版社股份有限公司发行部
经　　销：	各地新华书店
印　　刷：	北京建宏印刷有限公司
开　　本：	880×1230　1/16
印　　张：	6.5
字　　数：	128 千
版　　次：	2021 年 6 月　第 1 版
印　　次：	2023 年 6 月　第 3 次印刷
书　　号：	ISBN 978-7-114-17026-3
定　　价：	52.00 元

(有印刷、装订质量问题的图书由本公司负责调换)

《广东省公路工程施工标准化指南》编审委员会

主 任 委 员：黄成造
副主任委员：曹晓峰　职雨风　王　璜
委　　　员：张钱松　鲁昌河　刘永忠　胡利平
　　　　　　梅晓亮　彭伟强　单　云　兰恒水
　　　　　　洪显诚　李卫民　吴玉刚　邱　钰
　　　　　　余国红　乔　翔　成尚锋　代希华
　　　　　　吴传海　李　勇　熊　杰

《第五分册　隧道工程》编写委员会

主　　　编：陈达章
副 主 编：李鼎伟　谢智敏
编　　　写：张　敦　杨　雷　邱志雄　廖荣辉
　　　　　　廖晓瑾　肖海健　林晓青　肖海苑
　　　　　　周　平　刘　敏　曾　鹏　蒲建军
　　　　　　岳小童　黄哲学　杨　军　余泗海
　　　　　　丁连群　蔚三艳　张晓占

前言
FOREWORD

加快推进现代工程建设管理,是公路行业坚持新发展理念,牢牢把握交通"先行官"定位,构建安全、便捷、高效、绿色、经济现代化综合交通体系的生动实践和有力抓手。近年来,广东省交通运输系统进一步转变发展方式,深入贯彻落实《交通强国建设纲要》及公路建设管理"五化"(发展理念人本化、项目管理专业化、工程施工标准化、管理手段信息化、日常管理精细化)要求,全面提升公路工程建设管理水平,有力支撑广东交通高质量跨越式发展。截至2020年底,广东省公路通车里程达22.2万公里,其中高速公路在全国率先突破1万公里。

2010年以来,广东省创新开展公路建设标准化管理的实施活动,组织开展施工标准化工作,形成《广东省公路工程施工标准化指南》(以下简称《指南》),初步构建了公路建设管理的标准化体系,成功建成了港珠澳大桥、南沙大桥、汕昆高速、汕湛高速等一批优质工程。为进一步提高广东省公路建设管理水平,创建"品质工程",广东省交通运输厅组织技术攻关,在全面、系统总结10年来高速公路标准化管理、品质工程创建、绿色公路建设等经验基础上,对《指南》进行了修编。

本次修编的主要特点:一是注重管理和技术相结合,强化参建各方职责,规范建设管理程序,明确施工控制环节的技术和质量要求。二是坚持目标导向和问题导向相结合。针对薄弱环节,提出行之有效的措施,着力解决工程中的质量通病。三是兼顾实用性和先进性。有关管理要求和技术标准既符合实际可执行,又适度超前力求先进。四是注重创新技术在公路行业的推广应用。倡导微创新和新技术、新工艺、新材料、新设备的科学合理应用,提高管理水平、工程品质和工作效能。

修编后《指南》共分八个分册,包括综合管理及工地建设、路基工程、路面工程、桥涵工程、隧道工程、交通安全设施工程、机电工程、公路房建工程,其中公路房建工程分册另行印发。修编以国家及行业现行法律法规、标准规范为依据,全面总结广东省高速公路标准化管理、品质工程、绿色公路建设经验,对标准化施工的方方面面进行了明确、细致规定,可作为参建单位日常工作的行动指南。

本书为《指南》第五分册,对广东省公路隧道工程各参建单位技术、人员、设备、材料、信息化及生态环保等提出了管理要求,融入先进的工程设备、施工工艺、微创新工艺等,融合改(扩)建、质量通病原因分析及防治内容,鼓励隧道建设从单一工序机械化施工逐步转向全工序机械化施工,旨在提高隧道施工机械化、自动化水平和提升工程品质。

《指南》修编过程中,得到了广东省交通集团有限公司、佛山市交通运输局、广东省南粤交通投资建设有限公司、广东省公路建设有限公司、广东华路交通科技有限公司、广东省路桥建设发展有限公司、广东省高速公路有限公司、广东交通实业投资有限公司、佛山市路桥建设有限公司等单位的大力支持。广东省南粤交通龙怀高速公路管理中心龙连管理处、广东云茂高速公路有限公司、广东惠清高速公路有限公司、广东潮惠高速公路有限公司、广东新粤交通投资有限公司、广东路路通有限公司、众为工程咨询有限公司、广东省高速公路有限公司开阳扩建管理处等共同参与了《指南》的修编工作。在此一并表示感谢。

《指南》可供全省交通运输主管部门、公路工程项目参建单位和参建人员使用,使用过程中发现的问题和意见建议,请反馈至广东省交通运输厅基建管理处(地址:广州市越秀区白云路27号,邮政编码:510101)。

编　者
2021 年 4 月

Contents 目录

1 总则 1

2 管理要求 3

    2.1 一般规定 3
    2.2 技术管理 4
    2.3 人员管理 5
    2.4 设备管理 5
    2.5 材料管理 6
    2.6 信息化管理 6
    2.7 生态环保 7

3 洞口与明洞工程 8

    3.1 一般规定 8
    3.2 施工要点 9

4 超前地质预报 12

    4.1 一般规定 12
    4.2 有关要求 13
    4.3 超前地质预报方法 14

5 洞身开挖 16

    5.1 一般规定 16

	5.2 开挖方法	17
	5.3 施工要点	22
	5.4 连拱隧道	24
	5.5 小净距隧道	25

6 初期支护与辅助工程措施   27

	6.1 一般规定	27
	6.2 喷射混凝土	28
	6.3 锚杆	29
	6.4 钢架	31
	6.5 钢筋网	32
	6.6 超前锚杆支护	33
	6.7 超前小导管支护	34
	6.8 超前管棚支护	34
	6.9 超前预注浆	35
	6.10 地表砂浆锚杆	36
	6.11 地表注浆	37
	6.12 初期支护质量要求	37

7 仰拱与铺底   38

	7.1 一般规定	38
	7.2 施工要点	39
	7.3 质量要求	40

8 防水与排水   42

	8.1 一般规定	42
	8.2 施工防、排水	43
	8.3 结构防、排水	45

9 二次衬砌   50

	9.1 一般规定	50
	9.2 衬砌模板台车	50
	9.3 施工要点	53
	9.4 二次衬砌距掌子面距离	57

  9.5 质量要求 ·· 58

10 改(扩)建工程 59

  10.1 一般规定 ·· 59
  10.2 既有隧道改建施工 ·· 60
  10.3 既有隧道原位扩建施工 ·· 60
  10.4 增建隧道施工 ··· 61
  10.5 施工交通组织及警示 ·· 61

11 监控量测 63

  11.1 一般规定 ·· 63
  11.2 量测项目 ·· 64
  11.3 量测要点 ·· 66
  11.4 量测数据处理与应用 ·· 68

12 附属设施工程 70

  12.1 各类洞室及横通道 ·· 70
  12.2 排水沟、电缆沟 ·· 70
  12.3 蓄水池 ·· 71
  12.4 预埋件 ·· 71
  12.5 隧道瓷砖 ·· 71

13 安全生产与文明施工 73

  13.1 施工安全风险评估 ·· 73
  13.2 安全管理 ·· 75
  13.3 施工供风、供水、供电 ·· 76
  13.4 文明施工 ·· 77

附录A 四新技术 80

  A.1 水压爆破施工工艺 ·· 80
  A.2 格栅钢架加工工艺 ·· 81
  A.3 模板台车端头合页式钢模 ·· 81
  A.4 衬砌台车分层逐窗浇筑工艺 ·· 82

A.5　台车带模注浆工艺 ··· 83

A.6　隧道半自动防水板铺挂台车 ··· 83

A.7　自行式液压水沟电缆槽台车 ··· 83

附录B　质量通病及防治　　85

B.1　隧道开挖超、欠挖 ··· 85

B.2　初期支护与围岩不密贴或存在空洞 ·· 86

B.3　防排水质量通病 ·· 86

B.4　二次衬砌混凝土质量通病 ··· 88

B.5　预埋预留质量通病 ··· 91

1 总则

1.0.1 为全面推进现代工程管理,打造公路工程"平安百年品质工程",规范公路隧道工程施工,消除当前隧道施工中常见的质量通病,提高管理水平,保证工程质量安全,结合广东省公路建设实际情况,编制本指南。

1.0.2 本指南主要依据国家、交通运输部、广东省等颁布的相关标准、规范、规程、指南、文件及行业内成熟、先进的施工经验和管理经验编制。依据文件如有更新,以最新文件为准。

1.0.3 本指南适用于广东省新建和改(扩)建的高速公路、一级公路及建安费10亿元以上的二级公路,其他项目可参考使用。

1.0.4 本指南立足高质量发展理念,兼顾管理和技术要求,凝聚公路建设标准化成果和行业内成熟的工艺、工法以及先进的技术、管理经验,兼顾指导性和灵活性。

1.0.5 公路工程项目隧道工程施工应符合国家和行业现行有关标准的规定,遵循安全优质、以人为本、生态环保、资源节约的原则,并符合以下规定:

1 隧道施工应严格遵守国家和行业的安全生产法律法规,提供安全施工场所,采取隧道门禁、人车分离、安全警示等方式,确保施工作业安全。同时积极改善隧道施工条件,制订切实可行的通风、防尘、照明、防有害气体、防辐射、防坍塌等措施,确保施工安全和作业人员职业健康。

2 隧道施工应遵循"短开挖、弱爆破、少扰动、强支护、早封闭、勤量测"的原则。

3 隧道施工应体现动态设计与信息化管理。在施工准备和施工过程中均应加强地质核对工作,根据超前地质预报和监控量测结果,据实动态优化隧道结构设计、施工工艺工法等,保证设计与现场实际情况相符。

4 隧道施工应执行机械、材料准入制度和首件工程验收制度,应加强爆破、喷锚支护、监控量测、隧底施工、防排水、施工通风、衬砌外观质量等方面的控制工作。

5 隧道施工过程中,应完整地收集原始数据、资料,做好施工记录,加强施工过程中隐蔽工程质量控制和验收,确保工程质量和安全。

6 为不断提高隧道机械化、智能化水平,鼓励隧道建设从单一工序机械化施工逐步转向全工序机械化施工,积极采用新型智能化设备,以提高施工效率、改善施工条件、降低劳动强度、减少人为偏差。

2 管理要求

2.1 一般规定

2.1.1 隧道工程施工应按照国家和行业的有关规定,建立完善的质量、安全、环保、职业健康等保证体系,并制定切实可行的制度和保障措施。

2.1.2 建设单位应发挥建设总牵头作用。严格合同管理,落实设计、监理、施工、检(监)测等参建单位质量安全责任;实施奖优罚劣、严格信用评价,调动各参建单位主动性;进行质量安全状况分析,评估隧道工程质量安全风险,强化关键工序质量验收程序管理,确保隧道质量安全管控到位。

2.1.3 建设单位应建立首件验收制度,由监理单位组织进行首件现场检测验收,建设单位应参加。首件验收内容宜包括开挖工法、锚杆(管)制作及安装、钢架制作及安装、喷射混凝土、仰拱及铺底、防水板及土工布铺设、二次衬砌、电缆沟和水沟等。

2.1.4 建设单位应制订隐蔽工程管理办法,加强管棚、锚杆、超前小导管注浆、仰拱回填及超前预注浆等施工管理。监理单位要强化锚杆、钢架、防排水、仰拱及铺底等关键工序质量验收,上道工序不合格的不得开始下道工序施工。建设单位应不定时牵头组织对隧道工程进行安全质量专项检查。

2.1.5 建设单位应鼓励施工单位采用先进设备、开展微创新,对于投入先进设备或提出微创新应用的单位给予一定的奖励。

2.1.6 建设单位应依法向消防部门申请隧道工程消防设计审核、消防验收,依法办理隧道消防设计和竣工验收备案手续并接受抽查。

2.1.7 设计单位应加强"人本化"设计,提升工程设计水平,坚持以"本质安全""工程耐久"为核心,采用有利于长寿命的新理论、新技术和高性能新材料,以目标为导向,强化工程设计的可施工性、可维护性、可拓展性。

2.1.8 隧道施工前应熟悉设计文件,领会设计意图,按照现行《公路隧道施工技术规范》(JTG/T 3660)的有关要求做好现场调查、核对设计文件,完成后应及时将结果及存在的问题以书面形式上报相关建设管理单位。

2.1.9 施工单位应根据施工规模、技术要求等建立工地试验室,由建设单位核验后发文确认,并抄送项目质监机构。隧道开工前,应提前做好混凝土配合比设计并报送监理工程师批准。

2.1.10 隧道开工前,施工单位应完成洞口位置影响洞身施工的相关工程。

2.1.11 施工单位应落实工程质量安全主体责任,加强隧道施工规范化管理,合理组织施工,严格工序检查和责任交接,强化隧道关键工序、重点环节质量管理。

2.1.12 对于靠近居民区、穿越自然保护区、水源保护区、风景名胜古迹区等敏感地域的隧道工程,应制订专项施工方案,将干扰降到最低限度。

2.2 技术管理

2.2.1 施工测量

1 施工单位应根据合同图纸和有关勘测资料,对交付使用的隧道轴线桩、平面控制基点桩以及控制高程的水准基桩等,进行详细的测量检查和核对,并将测量成果报送监理工程师。

2 施工单位在放线中除公里桩、平曲线要素桩、竖曲线要素桩外,应设置必要加桩;在工程实施中隧道中桩最大间距直线上不得大于10m,曲线上不得大于5m,并明确标出用地界桩、路面和排水沟中心桩、辅助基准点以及其他为控制正确放线而设的水平和垂直标桩。

2.2.2 施工方案

1 施工单位应结合项目实际情况,编制实施性施工组织设计,施工组织设计应包括施工方法、地质预报、监控量测、工区划分、场地布置、进度计划、工程数量、人员配备、主要材料、机械设备、电力、通风、应急物资储备和运输,以及安全、质量、环保、水保、职业健康、技术等主要措施内容。

2 实施性施工组织设计应经中标法人单位总工程师审核批准后报送监理工程师审批,必要时监理工程师可组织建设、施工、设计以及第三方监测等单位代表进行研讨,再按程序批准实施。在实施过程中应根据客观条件、生产资源配置情况及时调整施工组织设计,并报送监理工程师批准,实行动态管理。

3 隧道施工前应按相关规定开展隧道施工安全风险评估工作,并制订各项应急保障预案,对隧道工程实施动态风险控制和跟踪处理。

4 隧道施工前宜根据施工组织及现场实际情况,制订洞口临建、临时用电、便道规划、隧道贯通、进出洞等专项施工方案。

2.2.3 勘察及设计方案

1 设计单位应加强对隧址区域内的工程地质调绘、钻探、物探及室内外测试等,准确掌握隧道工程地质及水文地质条件。建设单位应加强对设计单位隧址区地质勘察的管理,有条件的可引入第三方检测单位,确保勘察准确。

2 对于地质复杂、长及特长隧道,建设单位宜在定测详勘阶段组织对地质勘察成果进行专项审查;施工图审查时应重点核查施工图设计是否与地质勘察结果紧密衔接,确保设计方案经济合理。

3 隧道设计方案应采取动态设计,变更设计应科学合理、实事求是,建设单位、设计单位、监理单位、施工单位应结合地质预报、监控量测以及现场实际情况确定变更开挖工法及支护参数等。

2.3 人员管理

2.3.1 监理单位应加强现场监理机构建设,按合同要求配齐监理工程师,落实监理责任。

2.3.2 设计单位应派驻有经验、有能力的设计代表,做好设计服务,及时进行设计调整和优化。

2.3.3 施工单位应根据工程规模、工期和技术难度配备相应的管理、技术、测量、试验、环保、专职质量检查和安全管理人员。

2.3.4 施工单位应选择自有产业工人或有经验、信誉好的劳务队伍,依法签订劳动合同或劳务合同,加强劳务施工作业的规范化管理,强化质量自检自控。发现偷工减料、以次充好、违反安全质量强制性要求等行为应立即制止,情节严重的应清退出场。

2.3.5 隧道施工的钻爆、装运、支护、模筑衬砌等作业均应安排专业化队伍进行施工。施工前,应根据施工进度计划、施工技术水平等制订详细的劳动力计划,并及时组织进场,以满足施工需要。

2.3.6 从事隧道施工的各类特殊岗位人员均应持证上岗。施工单位应加强现场作业人员(包括劳务人员)安全、职业健康等教育培训和考核工作。未经安全生产教育培训考核或者培训考核不合格的人员,不得上岗作业。

2.3.7 施工单位应向作业人员提供必需的安全防护用具(如安全帽、安全带、口罩、耳塞等)和安全防护服装。安全防护用具和安全防护服装的使用、采购和管理应符合现行《公路水运工程安全生产监督管理办法》的有关规定。

2.4 设备管理

2.4.1 隧道工程涉及的特种设备较多,为提高工程机械化程度,确保工程质量,建设单位应在招标阶段对主要施工设备提出具体要求,并采用准入制度审批验收。审批验收应分为两个阶段,由监理工程师牵头组织成立专门的审批验收小组,对进场设备进行审批验收:

1 第一阶段(进场前报批):施工单位进场后应立即着手隧道施工设备进场前的准备工作,及时向监理工程师、建设单位上报拟进场设备型号、数量、新旧程度、主要参数等,经监理工程师、建设单位批准许可后方可组织进场,条件允许的情况下可提前组织对设备进行考察。

2 第二阶段(进场后验收):施工单位应在设备进场后填写验收表,并报监理工程师,监理工程师应依据批复的设备许可,组织对设备进行核对验收。

2.4.2 施工单位应建立特种设备进退场清单台账和设备档案,一机一档,并定期检查、维修等。

2.4.3 二次衬砌模板台车宜在隧道开挖进洞前准备到位。

2.4.4 机械设备应本着性能优良、配套合理、工效高的原则配备,满足污染小、能耗低、效率高的要求,并根据施工进度计划安排,分阶段、分期组织进场,以满足施工需要。

2.4.5 对于多臂凿岩台车、液压仰拱栈桥台车、自行式液压水沟电缆槽台车等设备,宜结合隧道规模、地质情况、开挖工法等因素推荐使用。

2.5 材料管理

2.5.1 隧道施工前应做好水泥、砂石料、钢筋(材)、外加剂、防水板、透水管等各项材料的招标订购工作,并根据施工进度计划,制订材料供应计划。

2.5.2 建设单位宜对防水板、外加剂、透水管等实行质量准入制度,并设定准入条件,由监理工程师对施工单位上报的材料进行初步审核并报建设单位审批。审批前,宜组织对符合准入条件的材料生产企业进行生产规模、生产工艺、供应能力、生产质量、库存能力及条件等的考察。

2.5.3 材料采购应严格按程序进行,选择供应能力强、质量合格、价格优惠的供应厂家。

2.5.4 用于隧道主体工程的碎石应采用反击破设备生产,并确保在不受污染的情况下用于施工。

2.5.5 材料进场前应严格进行检查验收和取样送检,试验合格且经监理工程师认可后方可进场,不合格材料不得进入现场。

2.5.6 应按照应急救援要求配备相应的救援设施和材料。

2.6 信息化管理

2.6.1 隧道施工前应建立质量影像管理系统或施工监控系统,充分发挥施工监控管理作用,实行隐蔽工程可视化监控管理。

2.6.2 宜建立原材料可追溯管理系统。涵盖产品加工全过程,包括从原材料的出厂信息、半成品的加工过程、直到最终成品的各个环节。

2.6.3 宜加强"智慧工地"建设,提升隧道工程管理信息化水平。鼓励开展建筑信息模型(BIM)技术研发,推进 BIM 正向设计,建立基于 BIM 技术和"互联网+"、第五代移动通信(5G)技术的信息化协同管理平台,用信息化管理手段服务设计与施工。

2.7 生态环保

2.7.1 建设单位在招标阶段应考虑隧道供电永临结合,提前规划实施隧道永久用电线路,并作为施工电力专线,避免重复投资造成资源浪费。

2.7.2 建设单位在招标阶段应结合隧道分布情况合理划分标段,宜采用路面与隧道捆绑招标的模式,将隧道洞渣予以加工利用,并根据洞渣规模、质量情况等提前规划好堆渣、加工和堆料场地。

2.7.3 排水及污水处理应符合以下要求:

1 对于水环境非敏感区,隧道施工废水处理应不少于3级沉淀,沉淀达标后方可排放。对于水环境敏感区,推荐引进隧道废水自动处理系统,将泥渣、油污、水中悬浮杂质等与水分离后达标排放。

2 隧道建成后,服务区和收费站区厕所冲洗、花木浇灌可综合利用隧道裂隙水。

2.7.4 洞口段需要爆破施工且洞口附近对噪声要求比较严格的隧道宜采用卷帘门进行阻挡,以减少隧道周边的噪声污染。

3 洞口与明洞工程

3.1 一般规定

3.1.1 隧道洞口开挖前,施工单位应对洞口段地形地貌进行复测,认真调查地质情况,监理工程师应组织建设、设计、施工等代表对隧道临建方案、进洞方案等进行专项审查,施工单位应根据审查意见进行优化。

3.1.2 <u>应积极推广"零开挖"进洞理念,遵循"早进洞、晚出洞"施工原则</u>。应尽量避免对山体的大挖大刷及扰动,根据地形条件可适当延长明洞,采取"护拱暗挖"的方式施作,以避免坡体失稳;中、短隧道宜采用单向出洞技术,最大限度减少植被破坏。

3.1.3 洞顶天沟、吊沟等排水、截水设施应与洞口工程配合施工,应在洞口开挖前完成,与路基段排水系统连通,沟背应及时夯填密实,并做好防护或绿化措施,避免水土流失。隧道洞顶截水沟以内植被不得砍伐破坏。开挖分离式隧道中间山体和连拱隧道中导洞时,应尽可能保护两侧山体,维持原有的生态地貌。洞门应力求与自然环境、人文景观相协调。

3.1.4 隧道进洞前,应完成以下工作:隧道进出口控制网联测已完成,且误差应符合国家和行业现行有关标准的规定;测量放出进洞控制桩,并保护良好;洞顶的沉降观测点已布设完成,并取得第一组数据;洞顶截水沟已砌筑完成,洞口初步形成畅通的排水系统;边仰坡临时防护已完成,边坡稳定;洞口超前管棚施作完毕。

3.1.5 对于洞口设有明洞且洞口地质情况相对较好的隧道,若围岩条件允许,可按照"先暗洞,后明洞"的顺序组织施工,由内向外顺序施作洞口明洞模筑衬砌,避免与暗洞开挖支护产生较大干扰。

3.1.6 当洞口围岩条件较差时,要严格控制进洞施工顺序。为确保山体坡面稳定,应严格按照"先明洞,后暗洞"的顺序组织施工,在明洞主体结构、洞顶反压回填、边仰坡防护以及排水系统完成施工后,再进行暗洞浅埋段施工。

3.1.7 隧道二次衬砌施工完成50m(含明洞)后宜进行洞门及边仰坡绿化工程施工。

3.1.8 隧道洞口场地应进行混凝土硬化处理,并使用20cm厚石渣垫层,汽车运输通道应采用20cm厚的不低于C20混凝土作为面层。宜将洞口场地硬化层设置为路面结构层,永临结合,避免资源浪费。

3.1.9 洞口前的桥梁、涵洞及路基等相关工程应及时施工,为隧道提供施工场地。

3.2 施工要点

3.2.1 洞口土石方开挖

1 洞口土石方施工宜避开雨季;确需在雨季施工时,应制订专项施工方案和防护措施,同时应加强对山坡稳定情况的监测、巡查。

2 洞门端墙处的土石方,应视地层稳定程度、施工季节和隧道施工方法等选择施工时机和施工方法。

3 洞口边坡、仰坡土石方的开挖应减少对岩、土体的扰动,不得采用大爆破。应清除或加固边坡和仰坡上可能滑塌的表土、灌木以及浮石、危石,应将坡面凹凸不平处整修平顺。

4 应在进洞前按设计要求对地表及仰坡进行加固防护。在松软地层开挖边坡、仰坡时,宜随挖随支护,随时监测、检查坡体稳定情况。当洞口可能出现滑坡、崩塌时,应采取地表砂浆锚杆、地表注浆、预应力锚杆(索)等措施稳定坡体,确保施工安全。

5 偏压洞口施工应在做好支挡、反压回填等工作后再开挖。开挖方法应结合偏压地形情况选定,不得因人为因素加剧偏压。

6 洞口边坡及仰坡采用明挖法施工时,应自上而下分阶段、分层开挖。第一阶段挖至设计临时成洞面,并视围岩情况,结合暗洞开挖方法,预留进洞台阶;第二阶段开挖其余部分,形成永久边仰坡,不得掏底开挖或上下重叠开挖。洞口有邻近建(构)筑物时,应采取微振控制爆破。

7 洞口永久性挡护工程应紧跟土石方开挖及早完成。地基承载力应满足设计要求。

8 洞口仰坡上方洞身范围内不得修建施工用水池。

9 边坡、仰坡上方不得堆置弃土、石方。

3.2.2 排水工程

1 洞外排水工程包括边坡和仰坡外的截水沟、排水沟和洞口排水沟、涵管等组成的排水系统,所有开挖与铺砌除按图纸施工外,还应符合《广东省公路工程施工标准化指南 第二分册 路基工程》的有关规定。

2 边坡、仰坡外的截水沟或排水沟应于洞口土石方开挖前完成,防止地面水冲刷而导致边坡、仰坡落石、塌方。截水沟及排水沟的上游进水口应与原地面衔接紧密或略低于原地面。下游出水口应妥善引入排水系统。

3 边坡、仰坡以外的山体表面,如有坑洼积水时,应按设计要求处理;不得用土石方填筑,以免堵塞排水沟渠,影响洞口安全。

4 路堑两侧边沟应与排水设施顺接,使排水畅通。

3.2.3 临时防护

1 由于洞口边仰坡开挖成型距洞门完成、永久防护到位间隔时间较长,结合广东省多雨的气候特点,为防止地表水渗入开挖面,保证洞口坡体的稳定性,应采取锚喷支护的形式及时进行防护。

2 坡面临时防护施工前,应将岩面浮渣及危岩清除干净,并用高压风将坡面清理干净。

3 锚杆施工时,应先在坡面上确定锚杆位置,并控制钻孔方向,孔深和孔径应符合设计要求。钻孔完毕应将孔内岩粉清除干净。

4 坡体含水量较大或有地下水、坡面渗漏水较多时,应增设泄水孔或平孔排水。

3.2.4 进洞辅助措施

1 超前管棚及超前小导管等辅助措施施工方法应符合本指南第6章的有关规定。

2 辅助工程措施所用钢筋、钢管等材质,环向间距、纵向搭接长度、方向等布设参数,以及锚固所用材料均应符合设计要求。

3 采用注浆施工,施工单位应在注浆前认真分析围岩性质,选择合理的注浆设备、材料和施工工艺。首件工程监理工程师应进行旁站,记录单孔注浆压力和单孔实际注浆量,记录内容应包含:施作里程范围、小导管(管棚)根数、长度、最大单根注浆量、最小单根注浆量、总注浆量(注浆量以使用水泥袋数或重量为单位)、注浆控制压力。对小导管、管棚的安装和注浆,应保留影像资料。

4 套拱基础应设置在符合图纸要求且稳固的地基上,地基承载力应满足设计要求,基坑的渣体杂物、风化软层和积水应清除干净。

5 应加强套拱内预埋的孔口管定向、定位控制,严格按设计要求控制其上抬量和角度,确保钻孔定位准确。

3.2.5 明洞工程

1 边墙施工应符合下列要求:

1)明洞边墙基础应设置在符合图纸要求且稳固的地基上,地基承载力应满足设计要求,基坑的渣体杂物、风化软层和积水应清除干净。不得超挖、回填虚土。

2)偏压和单压明洞的外边墙基底,在垂直路线方向应按设计要求挖成一定坡度、向内的斜坡,以提高基底的抗滑力。若基底松软,应采取措施增加基底承载力。

3)深基础开挖,应注意核查地质条件。如挖至设计高程,发现地质条件不满足设计要求时,应提出变更设计。

4)基础施工完成后应及时浇筑混凝土,避免雨水侵蚀地基。

2 明洞衬砌及防水应符合下列要求:

1)明洞衬砌及防水的施工要点与洞内二次衬砌基本相同,明洞衬砌与暗洞衬砌应连接良好。

2)明洞拱圈外模拆除应在拱圈混凝土达到设计强度的50%后进行,及时施作防水层及拱脚纵、横向排水管,防水板应向隧道内延伸不小于0.5m,并与暗洞防水板连接良好。

3 明洞回填应符合下列要求:

1)明洞拱背回填应在外模拆除、拱圈背部防水设施完成后方可开始。人工回填时,拱圈混凝土强度不应小于设计强度的75%。机械回填时,拱圈混凝土强度不应小于设计强度。

2)明洞段顶部回填土方应对称、分层夯实,底部应铺填0.5~1.0m厚碎石并夯实,回填至拱顶后应分层满铺填筑;拱顶1m范围内应采用人工夯实,分层厚度不大于0.15m;拱顶1m以上应采用振动夯实机夯实,每层厚度不得大于0.2m,两侧回填的土面高差不得大于0.5m;顶层回填材料宜采用黏土,以利于隔水。

3)石质地层中,墙背与岩壁空隙不大时,可采用与墙身同强度等级混凝土回填;空隙较大时,可采用片石混凝土或浆砌片石回填密实。土质地层中,应将墙背坡面开凿成台阶状,用干砌片石分层码砌,缝隙用碎石填塞紧密,不得任意抛填土石。

3.2.6 洞口工程

1 隧道洞口应尽可能减弱人工痕迹,洞口应与自然景观相协调。

2 洞门基础开挖应注意基坑的支护,基础应置于稳固的地基上,地基承载力满足设计要求。应做好防水、排水工作,防止基底被水浸泡。基坑废渣、杂物等应清除干净。

3 洞门拱墙应与相邻的拱墙衬砌同时施工,连成整体。

4 洞门端墙的浇筑(或砌筑)与墙背回填,应两侧同时进行,防止对衬砌产生偏压。

5 洞门建筑完成后,洞门以上仰坡坡脚如有损坏,应及时修补。

6 隧道明洞回填、洞门施工完成后,应及时做好洞口边坡及仰坡的地表恢复,应符合环境保护要求,做好水土保持。

7 隧道洞门不得粘贴石板材或人造板材。

4 超前地质预报

4.1 一般规定

4.1.1 超前地质预报是保证隧道施工安全的重要环节和技术手段,应将其作为隧道施工的一道工序,纳入施工组织设计,并根据隧道的长短和地质复杂情况编制超前地质预报方案。

4.1.2 超前地质预报应达到下列主要目的:

1 进一步查清掌子面前方的工程地质与水文地质条件,指导施工顺利进行。
2 为降低地质灾害发生风险提供预警。
3 为动态设计和施工提供地质依据。
4 为编制交竣工文件提供地质资料。

4.1.3 超前地质预报应包含下列主要内容:

1 地层岩性预报,特别是对软弱夹层、破碎地层、煤层及特殊岩土的岩性预报。
2 地质构造预报,特别是对断层、节理密集带、褶皱构造等影响岩体完整性的构造发育情况的预报。
3 不良地质预报,特别是对岩溶、人为坑洞、瓦斯等发育情况的预报。
4 地下水预报,特别是对岩溶管道水及富水断层、富水褶皱轴及富水地层中的裂隙水等发育情况的预报。

4.1.4 为简化管理程序,减少管理环节,避免在隧道施工过程中超前地质预报工作出现管理脱节问题,宜根据隧道长度、地质条件复杂程度、施工安全风险大小等因素进行分级管理。

1 对于复杂地质及长、特长隧道,考虑到隧道超前地质预报工作的高度专业性和技术复杂性,建设单位应在工程开工前委托有资质的第三方单位开展超前地质预报。执行第三方预报的隧道不能免除现行《公路隧道施工技术规范》(JTG/T 3660)所规定的施工单位应承担的责任。

2 对于一般地质条件及中、短隧道,施工单位是隧道超前地质预报工作的责任主体,在隧道开工前,应编制超前地质预报实施方案,经监理工程师审批并报备建设单位后实施,纳入工序管理。

4.1.5 建设单位应建立超前预报结果共享互通机制,各方应相互协调、信息传递顺畅、反馈及时、决策处理迅速。

4.1.6 监理工程师应对隧道超前地质预报实施过程进行监理,负责监督检查预报单位现场专业技术人员(地质、物探)数量及能力、设备类型及数量、超前地质预报的实施和数据采集以及做好相关协调工作等。

4.1.7 地质预报单位对超前地质预报成果及数据真实性负责,并及时分析和研究超前地质预报成果,发现地质情况与设计情况不符的,要按程序及时通知各参建单位。超前地质预报成果信息应传递顺畅、反馈及时,应在第一时间将预报成果及建议要求报送施工、设计、建设及监理等有关各方。应在隧道洞口设资料箱,放置预报文件并指定专人保管,方便相关人员现场取用。

4.1.8 施工单位应积极配合预报单位做好预报工作,并将预报工作纳入现场施工组织管理。要积极利用超前地质预报成果,当地质情况与设计不符时,应及时按变更设计程序提请进行变更设计,并不断完善隧道施工安全应急救援预案,做好隧道施工安全工作。

4.2 有关要求

4.2.1 各相关单位应根据隧道开挖揭露的实际地质条件,结合隧道超前地质预报成果,及时调整隧道围岩级别划分,并做出变更设计和优化设计;同时根据不同的地质特性和预报目的,采取相应的预报方法并适时调整,提出相应的技术要求。

4.2.2 隧道超前地质预报应以地质分析为基础,采用地质调查与物探相结合、长短探测相结合、洞内与洞外相结合、物探与钻探相结合、超前导洞与主洞探测相结合、地质构造探测与水文探测相结合的综合预报方法,提高预报的科学性和准确性,并相互验证。隧道通过Ⅴ级及以上地质条件、断层破碎带等复杂地层,宜采用超前钻探钻孔取芯;隧道穿越可溶岩地层,应结合物探异常情况,钻孔探明隧底岩溶分布。

4.2.3 预报单位应及时编制预报成果报告、阶段性报告(月报、年报)和竣工总报告,并分送各相关单位。报告内容应规范、完整,并包含下列主要内容:

1 地质情况及水文地质情况。
2 对照图纸提供的地质资料,预报地质条件变化情况及对事故的影响程度。
3 预报可能出现的不良地质及其对施工的影响,以及处理措施。
4 隧道施工中由于措施不当可能造成围岩失稳时,应及时采取的改进措施。

4.2.4 预报工作计划应与隧道施工进度相结合,并贯穿施工的全过程,做到全程无缝隙检测。当施工进度与地质预报发生矛盾时,施工应为超前地质预报让路。

4.2.5 施工过程中应将实际开挖的地质情况与预报结果进行对比分析,及时总结经验教训,指导和改进地质预报工作。

4.2.6 超前地质预报成果是调整和优化隧道设计参数、防护措施,优化施工组织,制订施工安全应急预案、工程变更设计的重要依据,参建各方应高度重视地质预报成果的应用。

4.2.7 施工阶段的超前地质预报不能代替勘察阶段的地质勘察工作及施工阶段的补充地质勘察工作,不得因进行施工阶段隧道超前地质预报工作而忽视勘察阶段的地质勘察工作及施工阶段的补充地质勘察工作。

4.3 超前地质预报方法

4.3.1 分类与选用原则

超前地质预报可采用地质调查法、超前钻探法(超前地质钻探、加深炮孔探测)、物探法(TSP地震波反射法、地质雷达探测、红外探测)和超前导坑预报法等。具体实施中,可根据上述各种方法对不同探测对象探测精度的高低,单独或联合使用,相互补充、验证。

4.3.2 地质调查法

1 地质调查法包括隧道地表补充地质调查和隧道内地质素描,适用于各种地质条件的隧道。

2 隧道内地质素描应随隧道开挖及时进行。对地层岩性变化点、构造发育部位、岩溶发育带附近等重点地段,应每1个开挖循环进行1次,其他一般地段不超过10m/次。

4.3.3 超前地质钻探

1 超前地质钻探适用于各种地质条件下隧道的超前地质预报,在富水软弱断层破碎带、富水岩溶发育区、煤层瓦斯发育区、重大物探异常区等地质条件复杂地段应采用。

2 断层、节理密集带或其他破碎富水地层每循环钻1~3孔,富水岩溶发育区每循环钻3~5孔。连续预报时,前后两循环钻孔应重叠5~10m。

3 钻探主要采用冲击钻和回转取芯钻,两者应合理搭配使用,并通过孔内成像技术综合分析,提高预报准确率和钻进速度,减少占用开挖工作面的时间。

4.3.4 加深炮孔探测

1 加深炮孔探测适用于各种地质条件隧道的超前地质预测,尤其适用于岩溶发育区。

2 钻孔深度宜为4~8m(超前爆破孔3m以上),孔数宜根据开挖断面大小和地质复杂程度确定。

4.3.5 TSP或TGP地震波反射法

1 TSP或TGP地震波反射法适用于划分地层界线、查找地质构造、探测不良地质体的厚度和范围。

2 在软弱破碎地层或岩溶发育区,每次预报距离一般为100m左右;在岩体完整的硬质岩石地层,每次可预报150m左右。连续预报时前后应重叠10m以上。探测过程应避免施工机械噪声干扰。

4.3.6 地质雷达探测

1 地质雷达探测主要适用于隧道前方和周边的岩溶探测,也可用于断层破碎带、软弱夹层等不均匀地质体的探测。

2 硬质地层有效探测距离宜取 20~30m,泥质和软弱破碎地层、潮湿含水层或岩溶发育区的有效探测距离宜取 10~20m,并结合雷达波形判定。连续预报时前后两次重叠长度应不小于 5m。为保证探测控制范围和精度,一般要求掌子面应布置不少于 2 条横向水平测线,有条件的宜布置垂向测线。

4.3.7 红外探测

1 红外探测适用于定性判断探测点前方有无水体及水体方位,不能定量给出水量大小等参数。

2 红外探测有效探测范围一般是掌子面前方或岩壁外围 30m 以内。连续预报时前后两次重叠长度应不小于 5m。

5 洞身开挖

5.1 一般规定

5.1.1 应根据隧道长度、跨度、结构形式、掌子面稳定性、地质条件等选择适宜的开挖方法,并根据开挖方法选择配套的机械设备。应提高隧道开挖机械化施工程度。对于地质条件较好的长、特长隧道,宜使用多臂凿岩台车进行全断面或微台阶法开挖。

5.1.2 开挖作业应符合下列规定:

1 确定合理的开挖步骤和循环进尺,保持各开挖工序相互衔接,均衡施工。变换开挖方法时,应有过渡措施,且应满足设计要求,不得擅自更改开挖方法。

2 开挖作业应保证安全,不得危及初期支护、二次衬砌和设备的安全,并应保护好量测用的测点,减少对围岩的扰动。

3 开挖断面尺寸应满足设计要求,采用有效的测量手段控制开挖轮廓线。边沟、电缆沟及边墙基础应同时开挖。开挖应按图纸标明的开挖线并加入预留沉降量后的尺寸进行施工。开挖质量应符合设计及国家和行业现行有关标准的规定,不得二次爆破开挖。在开挖过程中,施工单位应适时测定隧道轴线位置和高程。

4 开挖前应核实掌子面地质情况,结合超前地质预报结果,根据地质变化情况及时调整开挖方法和支护参数。开挖后应做好围岩地质的核对,若实际围岩级别与设计提供的围岩级别不相符,应由建设、监理、设计、施工单位四方联合现场确定,确定相应的支护方案,并及时做好监控量测工作对于地质变化处和重要地段,应有相应照片或文字描述记载。

5 清据浮石后应及时进行初喷支护。初喷混凝土厚度应满足设计以及国家和行业现行有关标准的规定,宜控制在 2～5cm。开挖爆破作业应在上一循环喷射混凝土终凝不少于 3h 后进行。

5.1.3 隧道爆破应采用光面爆破,必要时可采用预裂爆破技术,推荐采用水压爆破(附录 A.1)。施工中应优化钻爆设计、提高钻眼效率和爆破效果,减少工料消耗。对不宜爆破、挖掘机又难以挖动的软弱围岩以及土质地段,推荐采用铣挖机或悬臂式掘进机配合装载机进行开挖施工。

5.1.4 应有良好的通风、高压风、给排水、供电系统。

5.1.5 双向开挖隧道的贯通宜选择在围岩较好的地段。隧道对向开挖的两工作面相距达到4倍隧道跨度时,两端施工应加强联系,统一指挥,两工作面不得同时起爆。对土质和软弱破碎围岩,两开挖面间距离达到3.5倍隧道跨度时,应改为单向开挖;对围岩条件较好地段,两开挖面间距离达到2.5倍隧道跨度时,应改为单向开挖,一端应停止开挖,将人员机具撤走,并在安全距离处设立警告标志。对采用单向开挖的隧道,开挖出洞方式应采用有针对性的专项设计方案。

5.1.6 双洞开挖时,应根据两洞的轴线间距、洞口里程距离、地质条件及其他自然条件,选择适当的开挖方法,确定好两洞开挖的时间差和距离差,并采取措施,防止后行洞开挖对先行洞周壁产生不良影响。一洞爆破时,另一洞不得装药。

5.1.7 隧道爆破作业应符合现行《爆破安全规程》(GB 6722)等国家和行业有关标准的规定,应加强民用爆炸物品的安全管理;瓦斯地层隧道施工还应符合现行《煤矿安全规程》和现行《公路工程瓦斯隧道设计与施工技术规范》(JTG/T 3374)的有关规定。

5.1.8 施工单位应做好施工过程的测量,保证隧道按设计方向和坡度施工,使开挖断面符合图纸所示尺寸,尽量做到不欠挖和不超挖。洞内应每隔50m设置一个水准点,每10m在边墙位置标记里程。

5.1.9 在施工过程中,施工单位应根据对开挖面的直接观察、对围岩变形的量测结果,辅以超前地质预报,结合岩层构造、岩性及地下水情况,判定隧道围岩稳定性。如有异常情况,应及时提出围岩分级修改意见及相应处理措施。

5.1.10 隧道开挖过程中应按规定设置逃生管道。

5.1.11 监理单位应组织各方对爆破工艺进行总结,建设单位和监理单位应重点监督检查施工单位开挖工法、工序的规范性。

5.1.12 施工单位应加强对隧道洞渣的管理,分类堆放,建设单位、监理单位应加强核查。

5.2 开挖方法

5.2.1 应根据地质条件、隧道开挖断面和围岩稳定情况等选择开挖方法。不同围岩条件和开挖断面适宜的开挖方法见表5.2.1。

不同围岩条件和开挖断面适宜的开挖方法　　表5.2.1

序号	开挖方法	围岩级别	
		双车道隧道	三车道隧道
1	全断面	Ⅰ~Ⅲ	Ⅰ~Ⅱ

续上表

序 号	开挖方法		围岩级别	
			双车道隧道	三车道隧道
2	台阶法	长台阶法	Ⅲ~Ⅳ	Ⅱ~Ⅲ
		短台阶法	Ⅳ~Ⅴ	Ⅲ~Ⅳ
		超短台阶法	Ⅴ	Ⅳ
3	分部开挖法	环形开挖留核心土	Ⅴ	Ⅲ~Ⅳ
		中隔壁法	Ⅴ	Ⅳ~Ⅴ
		交叉中隔壁法	Ⅴ	Ⅳ~Ⅴ
		双侧壁导坑法	—	Ⅴ

5.2.2 全断面开挖法

1 施工顺序应为:1-全断面开挖→2-初期支护→3-二次衬砌,见图5.2.2。

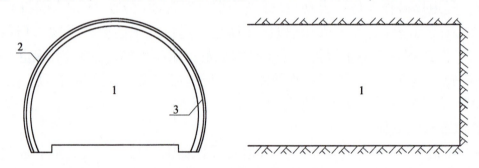

图5.2.2 全断面法施工工序示意图

2 施工应符合下列规定:循环进尺宜控制在3~4m,采用大型机械配套作业。

5.2.3 台阶法施工

1 施工顺序应为:1-上台阶开挖→2-上台阶初期支护→3、4-下台阶错开开挖→5-下台阶初期支护→6-底部开挖(捡底)→7-仰拱及填充(底板)→8-二次衬砌,见图5.2.3。

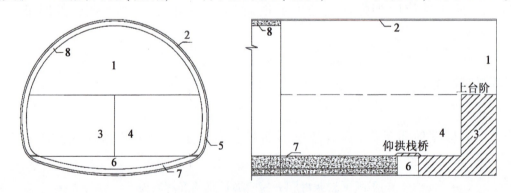

图5.2.3 台阶法施工工序示意图

2 施工应符合下列规定:

1)台阶数量和台阶高度应综合考虑隧道断面高度、机械设备及围岩稳定性因素确定。台阶开挖高度宜为2.5~3.5m。台阶数量可采用2或3,不宜大于3。上、下台阶之间的距离尽可能满足机具正常作业,减少翻渣工作量。

2)上台阶开挖每循环进尺:Ⅲ级围岩宜不大于3m,Ⅳ级围岩宜不大于2榀钢架间距,Ⅴ级围岩宜不大于1榀钢架间距。Ⅳ、Ⅴ级围岩下台阶每循环进尺不大于2榀钢架间距。下台阶单侧拉槽长度不宜超过15m。

3)下台阶左、右侧开挖宜前后错开3～5m,同一榀钢架两侧不得同时悬空。

4)施工应先护后挖,宜采用超前锚杆或超前小钢管辅助施工措施。开挖应尽量采用微振光面爆破技术。

5)初期支护应紧跟开挖面,上台阶施工时,钢架底脚应设锁脚锚杆(管),保证下台阶开挖安全。下台阶应在上台阶喷射混凝土强度达到设计强度的70%后开挖。

6)在不设仰拱条件下,隧道两侧的沟槽及铺底部分应和下台阶一次开挖成型。

5.2.4 环形开挖留核心土法

1 施工顺序应为:1-超前支护→2-上部环形导坑开挖→3-上部初期支护→4-上部核心土开挖→5、7-两侧开挖→6、8-两侧初期支护→9-下部核心土开挖→10-仰拱开挖→11-仰拱初期支护→12-仰拱及填充混凝土→13-二次衬砌,见图5.2.4。

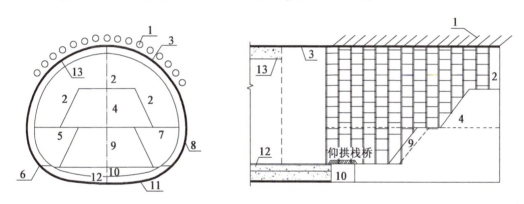

图5.2.4 环形开挖留核心土法施工工序示意图

2 施工应符合下列规定:

1)环形开挖留核心土法将开挖断面分为上、中、下及底部四个部分逐级掘进施工。台阶开挖高度宜为2.5～3.5m;开挖每循环进尺,Ⅴ级围岩宜不大于1榀钢架间距,Ⅳ级围岩宜不大于2榀钢架间距。中、下台阶每循环进尺不得大于2榀钢架间距。核心土面积宜不小于整个断面面积的50%,长度宜为3～5m,宽度宜为隧道开挖宽度的1/3～1/2。上部宜超前中部3～5m,中部宜超前下部3～5m,下部宜超前底部10m左右,中、下台阶左右侧应错开3～5m。

2)核心土与下台阶开挖应在上台阶支护完成后、喷射混凝土强度达到设计强度的70%后进行。为防止上台阶初期支护下沉、变形,钢架底部应按设计要求设置锁脚锚杆。

3)每一台阶开挖完成后,应及时喷射4cm厚混凝土对围岩进行封闭,设立型钢钢架及锁脚锚杆,分层复喷混凝土到设计厚度,必要时各台阶设临时仰拱加强支护,完成一个开挖循环。

4)各台阶核心土开挖每循环进尺宜与其他部分循环进尺一致。对土质的隧道,必要时应以核心土为基础设扇形钢支撑或木支撑竖撑以支撑拱顶和拱腰,扇形支撑下应垫钢板。核心土开挖应根据围岩量测结果适当滞后。

5)仰拱施作应紧跟下台阶,及时闭合成稳固的支护体系。

5.2.5 中隔壁法(CD法)

1 施工顺序应为:Ⅰ-超前支护→1-左侧上部开挖→Ⅱ-左侧上部支护→2-左侧中部开挖→Ⅲ-左侧中部初期支护→3-左侧下部开挖→Ⅳ-左侧下部初期支护→4-右侧上部开挖→Ⅴ-右侧上部初期支护→5-右侧中部开挖→Ⅵ-右侧中部初期支护→6-右侧下部开挖→Ⅶ-右侧下部初期支护→7-拆除中隔壁→Ⅷ-仰拱及填充混凝土→Ⅸ-二次衬砌,见图5.2.5。

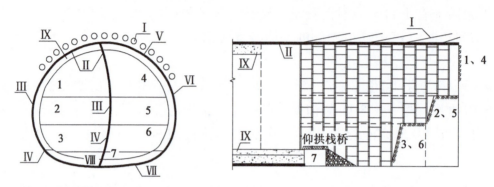

图5.2.5 中隔壁法(CD法)施工工序示意图

2 施工应符合下列规定:

1)上部导坑的开挖循环进尺控制为1榀钢架间距,下部导坑的开挖进尺可依据地质情况适当加大。

2)采用中隔壁法施工时,初期支护完成且强度达到设计要求后方可进行下一分部开挖。各部开挖时,周边轮廓应尽量圆顺。应在先开挖侧喷射混凝土强度达到设计要求后再进行另一侧开挖。左、右两侧导坑开挖工作面的纵向间距不宜小于15m或1倍洞径,且同一侧导坑的上、下台阶应保持3~5m的距离。当开挖形成全断面时,应及时完成全断面初期支护闭合。

3)导坑开挖孔径及台阶高度可根据施工机具、人员等进行适当调整。应配备适合导坑开挖的小型机械设备,提高导坑开挖效率。

4)中隔壁的拆除工艺是关键技术,中隔壁拆除时间的判定应以拱顶下沉和净空收敛为依据,一般以拱顶下沉7d内增量在2mm以下为拆除中隔壁的基准。临时支护拆除宜在仰拱施工前进行,一次拆除长度应与仰拱浇筑长度相适应。临时支护拆除后,应及时浇筑仰拱和仰拱填充、施作二次衬砌。

5.2.6 交叉中隔壁法(CRD法)

1 施工顺序应为:Ⅰ-超前支护→1-左侧上部开挖→Ⅱ-左侧上部初期支护成环→2-左侧中部开挖→Ⅲ-左侧中部初期支护成环→3-右侧上部开挖→Ⅳ-右侧上部初期支护成环→4-右侧中部开挖→Ⅴ-右侧中部初期支护成环→5-左侧下部开挖→Ⅵ-左侧下部初期支护成环→6-右侧下部开挖→Ⅶ-右侧下部初期支护成环→7-拆除中隔壁及临时仰拱→Ⅷ-仰拱及

填充混凝土→Ⅸ-二次衬砌,见图5.2.6。

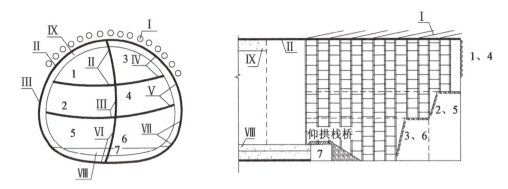

图5.2.6 交叉中隔壁法(CRD法)施工工序示意图

2 施工应符合下列规定:

1)上部导坑开挖循环进尺控制为1榀钢架间距,下部开挖可依据地质情况适当加大,仰拱一次开挖长度应依据监控量测结果、地质情况综合确定。

2)中间支护系统的拆除时间应考虑其对后续工序的影响。应当在围岩变形处于设计允许的范围之内,且严格考证拆除的安全性之后,方可拆除。拆除中隔壁混凝土时,要防止对初期支护系统造成大的振动和扰动。

3)中隔壁的拆除时间应同CD法。

4)应配备适合导坑开挖的小型机械设备,提高导坑开挖效率。

5.2.7 双侧壁导坑法

1 施工顺序应为:Ⅰ-两侧超前支护→1-左(右)导坑上部开挖→Ⅱ-左(右)导坑上部初期支护→2-左(右)导坑下部开挖→Ⅲ-左(右)导坑下部支护成环→Ⅳ-拱部超前小导管→3-中壁上部开挖→Ⅴ-中壁拱部初期支护与左右Ⅱ闭合→4-中壁中部开挖→5-中壁下部开挖→Ⅵ-中壁下部初期支护与左右Ⅲ闭合→6-拆除临时支护→Ⅶ-仰拱及填充混凝土施工→Ⅷ-二次衬砌,见图5.2.7。

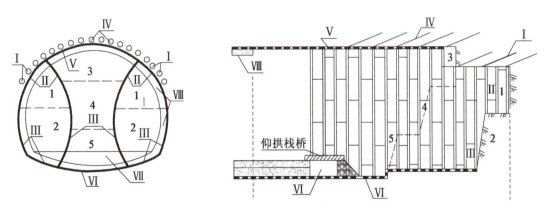

图5.2.7 双侧壁导坑法施工工序示意图

2 施工应符合下列规定:

1)围岩开挖应尽量采用挖掘机和人工配合无爆破施工。局部需爆破施工时,宜弱爆破施工,尽量减少对地层的扰动。

2)开挖中应严格按国家和行业现行有关标准做好监控量测工作,随时掌握围岩及支护的变形情况,以便及时修正支护参数,改变施工方法;同时,应有较准确的超前地质预报。

3)开挖时,应保证排水畅通。应对两侧临时排水沟铺砌抹面,防止钢支撑基底软化。

4)侧壁导坑开挖后,应及时施工初期支护并尽早形成封闭环。侧壁导坑断面应近于椭圆形,导坑跨度宜为整个隧道跨度的1/3。侧壁导坑、中槽部位开挖应采用短台阶,台阶长度3~5m,必要时应预留核心土。左右导坑施工时,前后拉开距离不宜小于15m;导坑与中间土体同时施工时,导坑应超前30~50m。

5.3 施工要点

5.3.1 超欠挖控制

1 应严格控制欠挖,拱、墙脚以上1m范围内及净空图折角对应位置不得欠挖。

2 宜减少超挖,不同围岩地质条件下超挖控制值应符合国家和行业现行有关标准的规定。

3 应采用光面爆破,采取提高钻眼精度、严格控制单响药量等措施,加强对作业人员的管理并提高其技术水平。

4 开挖后应采用断面仪、激光投影仪或三维激光扫描仪直接测定开挖断面尺寸,并绘制断面图,及时反馈信息,为后续爆破施工提供指导意见。采用断面仪、激光投影仪进行超欠挖检测,每10m检查1个断面;有条件的宜采用三维激光扫描仪进行全断面检测。

5 隧道的开挖轮廓应按设计与国家和行业现行有关标准要求预留变形量,并根据现场实际情况以及施工过程中监控量测结果进行调整,确保衬砌厚度。

6 超挖应回填密实。超挖回填应符合设计规定,设计没有规定时应符合下列规定:

1)对拱部坍塌形成的超挖,应编制方案,经审批后按方案处理。

2)对沿设计轮廓线的均匀超挖,有钢架时,可采用喷射混凝土回填,或增大钢架支护断面尺寸,使钢架贴近开挖轮廓,在施工二次衬砌时,以二次衬砌混凝土回填;无钢架时,可在施工二次衬砌时,以二次衬砌混凝土回填。

3)局部超挖,超挖量不超过200mm时,宜采用喷射混凝土回填密实。

4)边墙部位超挖,可采用混凝土或片石混凝土回填。

5.3.2 钻爆设计

1 隧道掘进施工前,应进行专门钻爆设计,并进行试爆,根据试爆结果合理调整各项参数。

2 石质隧道的爆破作业,应采用光面爆破,推荐采用水压爆破。

3 不耦合系数、周边眼间距、最小抵抗线、相对距和装药集中度等光面爆破参数,应采用工程类比或根据现行《公路隧道施工技术规范》(JTG/T 3660)合理选用,并根据实际爆破效果对光爆参数进行调整,以达到理想效果。

4 周边眼应沿隧道开挖轮廓线布置,保证开挖断面符合设计要求,硬岩开眼位置在开挖轮廓线上,软岩可向内偏5～10cm。

5 对于小净距隧道、连拱隧道以及地表周围有建(构)筑物的浅埋隧道,应在开挖过程中监测围岩爆破影响深度以及爆破振动对周围其他建(构)筑物的破坏程度,周围其他建(构)筑物及新浇混凝土的振动速度应符合国家和行业现行有关标准的规定。

5.3.3 钻爆作业

1 机械设备选型配套应符合下列规定:

1)机械设备应按大断面(长)隧道机械化施工技术要求选型配套,应满足:开挖能力大于施组要求能力;装渣能力大于开挖能力;运输能力大于装渣能力;设备配置的富余系数不宜过大(一般大于1.2)。

2)一般隧道大断面开挖可采用多层钻孔平台配风动凿岩机钻孔,对于地质条件较好的长、特长隧道应优先采用性能先进的多臂液压钻孔台车(图5.3.3)进行施工。

图5.3.3 多臂液压钻孔台车

2 测量放样布眼应符合下列规定:

1)钻眼前应定出开挖断面中线、水平线,用红油漆准确绘出开挖断面轮廓线,并标出炮眼位置(误差不超过5cm),经检查符合设计要求后方可钻眼。

2)当开挖面凸凹较大时,应按实际情况调整炮眼深度,并相应调整装药量。除掏槽眼外的所有炮眼眼底宜在同一垂直面上。

3 钻孔操作台车应就位准确,按照不同孔位,将钻工定点定位。落实爆破施工技术交底。钻工应熟悉炮眼布置图,能熟练操作凿岩机械。钻周边眼时,应由经验丰富的老钻工司钻,由专人指挥,确保周边眼有准确的外插角,使两茬炮交界处台阶不大于15cm。同时,根据眼口位置岩石的凹凸程度调整炮眼深度,保证炮眼底在同一平面上。

4 装药应符合下列规定:

1)根据不同炸药的性能,合理选择爆破炸药。对硬岩、长大隧道,可选择爆速高、爆后炮烟少、有害气体含量低的水胶炸药。

2)加强炮眼堵塞,提高爆破效果,周边眼的堵塞长度不宜小于400mm。宜配备专用炮泥机加工炮泥,提高炮孔堵塞质量。推荐施工单位采用水压控制爆破法等爆破效果较好的装药形式,减少炸药消耗量。

3)装药前,应用高压风水将炮眼内泥浆、存水及石粉吹洗干净。

4)装药应分片分组,按炮眼设计图确定的装药量自上而下进行,雷管应对号入座,要定人、定位、定段别,不得乱装药。

5 连接起爆网络施工应符合现行《爆破安全规程》(GB 6722)的有关规定。

6 所有人员撤至安全地点后才能引爆。爆破后应经过通风排烟,不得少于15min且洞内空气质量应符合相关的规定。爆破后应进行安全检查,如有瞎炮,应由原爆破人员按现行《爆破安全规程》(GB 6722)的有关规定进行处理。

5.3.4 装渣、运渣与卸渣

1　装渣作业范围应有充足的照明,装渣前及装渣过程中,应观察开挖面围岩稳定情况,发现有松动岩石或塌方征兆时,应先处理后装渣。

2　机械装渣时,装载机械应能在开挖断面安全运转。装渣机操作时,其回转范围内不得有人通过,2 台以上机械同时作业时应明确各自的作业范围。装渣作业应严格按操作规程进行,不得损坏已有的支护及设施。

3　出渣运输方式宜采用汽车无轨运输方式。通风、掉头、会车、爬坡困难时,可选用有轨运输、皮带运输或混合运输方式。

4　出渣运输设备的选型配套应保证机械设备充分发挥其功能,并应使出渣能力、运输能力与开挖能力相适应,宜配备大功率、大容量、性能先进的装运机械设备,加快施工进度。

5　出渣运输线路或道路应设专人进行维修和养护,使其处于平整、畅通状态。线路或道路两侧的废渣和余料应随时清除。

6　出渣运输车辆必须处于完好状态,制动有效,严禁人料混载,不准超载、超宽、超高、超速运输。运装大体积或超长料具时,应由专人指挥、专车运输,并设置显示界限的红灯。

7　在施工作业地段和错车时行车速度不应大于 10km/h;成洞地段行车速度不宜大于 25km/h。

8　车辆在行驶中严禁超车。洞内倒车与转向应由专人指挥。

9　卸渣作业应根据弃渣场地形条件、弃渣利用情况、车辆类型,合理布置卸渣路线。卸渣应在规定的卸渣路线上依次进行。

10　宜分层卸渣,并及时平整。

5.4 连拱隧道

5.4.1 一般要求

1　连拱隧道开挖时应考虑其埋深浅、跨度大、地质条件复杂、受偏压和雨季地表水影响大的特点,制订专项施工方案。

2　施工应严格按设计及国家和行业现行有关标准要求采取强有力的超前预支护或预加固措施以保证开挖安全,还应特别注意地形偏压带来的不利影响。

3　钻爆法施工应采用微振光面爆破和减轻振动爆破技术,以减轻爆破对围岩的扰动。

4　连拱隧道施工应合理安排两侧主洞开挖、初期支护、二次衬砌等工序的先后顺序及步距,减少先行洞、后行洞施工时对围岩及结构的扰动。

5　一般情况下,连拱隧道施工不宜左右两洞齐头并进、同时开挖和衬砌,宜先左(右)

洞、后右(左)洞、再左(右)洞,继而右(左)洞,如此往复循环、依次进行。先行洞应选择在偏压侧及地质较为软弱的一侧。先行洞开挖超前另侧主洞30~50m。

6 应根据围岩地质条件、受力变形特性和施工方法,制订监控量测方案。应对中墙顶部和底部水平位移以及先行洞掌子面至后行洞二次衬砌范围内进行重点监控。

5.4.2 施工要点

1 中导洞开挖应符合下列要求:

1)中导洞开挖决定着洞身开挖的方向,也是对洞身围岩情况的先行探察,为主洞的开挖积累资料和摸索情况,可及时与设计围岩进行对比,修正支护结构参数,指导主洞的施工。中导洞是隧道开挖的关键,应准确控制开挖中线,仔细探察岩层情况。

2)应在中导洞贯通后浇筑中隔墙混凝土。墙顶处的防、排水设施应按图纸及国家和行业现行有关标准要求施工。

2 中隔墙施工应符合下列要求:

1)连拱隧道对中隔墙的地基承载能力要求较高,施工时应对地基进行测试。承载力不能满足要求时,应采取提高地基承载力的措施。

2)中隔墙混凝土施工应符合下列要求:基础底面应清扫干净,无水、无石渣;墙身内预埋件、排水管应固定牢固,位置准确,中隔墙施工时应注意预埋与主洞钢支撑连接钢板预埋牢固,并应加强对预埋排水和止水设施的保护;中隔墙顶部应与中导洞顶紧密接触、回填密实;中隔墙模板宜采用定型钢模,以保证混凝土浇筑质量、加快中隔墙施工效率。

3 主洞施工应符合下列要求:

1)开挖先行主洞前,后行主洞围岩与中隔墙之间的空隙应按设计要求回填密实或支撑顶紧。爆破设计时,不得以中导洞作为爆破临空面。

2)主洞上拱部的开挖,应在中隔墙混凝土浇筑完毕并达到强度要求后进行,并应慎重施工。为了平衡初期支护左(右)侧拱圈推力,开挖上拱部前应在中隔墙右(左)侧导坑空隙处设置横向水平支撑,或者采取其他措施,支顶中隔墙,防止中隔墙变形。

3)开挖过程中应及时做好洞内排水设施,洞内临时排水沟距边沿距离应大于500mm。

5.5 小净距隧道

5.5.1 一般要求

1 小净距隧道施工应结合中夹岩厚度、围岩条件及埋深等制订专项施工方案。该方案应严格贯彻设计意图,并包括下列内容:左右洞开挖先后次序;先行洞和后行洞开挖方法;先行洞和后行洞爆破设计和爆破振动控制;先行洞和后行洞开挖错开距离;先行洞仰拱、衬砌与后行洞开挖错开距离;中夹岩保护和加固;各相互影响工序的滞后时间;非小净距隧道施工方案中的其他内容等。

2 应根据围岩地质条件、受力变形特性和施工方法,制订监控量测方案。后行洞开挖时,宜对中夹岩和先行洞相应断面前、后1倍隧道单洞开挖宽度范围内进行重点监测。

5.5.2 开挖方法

1 小净距隧道开挖方法的选择,应以减小对中夹岩的扰动、控制中夹岩的围岩变形、保证开挖过程中围岩的稳定性为原则,合理安排施工方法及施工工序。

2 不同围岩条件、不同净距的小净距隧道,应按设计采用不同的开挖方法。Ⅴ级围岩应以机械开挖为主,辅以微量的弱爆破。

5.5.3 施工要点

1 小净距隧道爆破应进行专门设计,并进行试爆,测定振动值,严格控制爆破振动。小净距隧道施工应重点控制爆破对中岩墙的危害。相邻爆破分段起爆间隔时间不宜小于100ms。

2 先行洞与后行洞掌子面错开距离应大于2倍隧道开挖宽度。

3 对Ⅴ级围岩,应预加固中夹岩后再进行主洞开挖。

4 先行洞的开挖可采用与分离式隧道相同的施工方法,但应重视爆破振动对中夹岩的影响。当采用CD法或CRD法开挖后行洞时,宜先开挖靠近中夹岩侧。

5 小净距隧道初期支护、二次衬砌应满足下列要求:

1)先行洞的二次衬砌宜在围岩变形基本稳定后施工,宜落后于后行洞掌子面2倍隧道开挖宽度以上,且在初期支护变形基本稳定(参考值:周边位移速率小于0.2mm/d,拱顶下沉速率小于0.15mm/d)后尽早施工。

2)为确保施工安全,避免二次衬砌出现开裂,要求先、后行洞应至少各配备1台二次衬砌模板台车。

6 初期支护与辅助工程措施

6.1 一般规定

6.1.1 初期支护应配合开挖作业及时进行,确保围岩稳定及施工安全。施工作业台架应牢固可靠,并应设置安全围栏。

6.1.2 当掌子面自稳能力差时,应采取增加辅助工程或改变开挖方法等措施。

6.1.3 软弱围岩地段应遵循"先支护,后开挖"的施工顺序,应坚持"强支护、短进尺、弱爆破、快封闭、勤量测"的施工原则,初期支护做到"两紧跟",即初期支护紧跟掌子面、初期支护仰拱及时封闭成环并紧跟下台阶。在初期支护钢架未落底形成闭环之前,每一节钢架都应采用锁脚锚杆或锚管加固。

6.1.4 宜根据现场监控量测结果,分析施工中的各种信息,及时调整支护措施和支护参数。

6.1.5 隧道施工作业人员安全防护应按本指南第2.3节的有关规定配备。作业人员的皮肤应避免与速凝剂、树脂胶泥等化学制剂直接接触。树脂不得接触明火。作业区粉尘浓度应符合现行《公路工程施工安全技术规范》(JTG F90)的有关规定。

6.1.6 监理工程师应组织对锚杆(管)、钢架等构件工厂化制作进行首件验收,并对现场安装、注浆等进行首件旁站、指导及记录,并及时进行总结,符合要求后方可大规模施工。施工过程中,应通过旁站、视频监控、抽检等方式重点关注锚杆、小导管、管棚、超前注浆等隐蔽工程的间距、数量、长度、注浆等是否符合设计要求。

6.1.7 监理工程师和建设单位代表应特别监督检查超挖处喷射混凝土施工质量,不得留下空洞。

6.2 喷射混凝土

6.2.1 一般要求

1 喷射混凝土应采用湿喷工艺,推荐采用湿喷机械手进行喷射混凝土作业。
2 喷射混凝土配合比应通过试验确定并满足设计强度和喷射工艺的要求。
3 隧道开挖后应及时初喷,初期支护应紧跟掌子面。
4 喷射混凝土的坍落度宜控制在 80~120mm。

6.2.2 施工要点

1 喷射混凝土作业前应做好下列准备工作:

1)喷射前应清除松动岩块,清洗岩壁面粉尘,清除边角处的岩屑、杂物等。岩面有渗水出露时,应先引排处理。当局部出水量较大时,可采用埋管、凿槽、排水盲沟等措施,将水引排后再喷射混凝土。

2)宜用三维激光扫描仪检测开挖断面净空尺寸,有局部欠挖的应凿除。

3)应埋设标志或利用锚杆外露长度控制喷射混凝土的厚度,以确保最小厚度满足设计要求。

4)检查材料、机具、劳力的准备情况。检查风、水、电等管线路,并试运转。作业面应具有良好的通风和照明条件。

5)在混合料中添加钢纤维时,宜采用钢纤维播料机。

2 喷射混凝土原材料应符合下列规定:

1)水泥宜选用硅酸盐水泥或普通硅酸盐水泥。特殊情况下可采用特种水泥。采用特种水泥时应进行现场试验,指标应满足设计要求。

2)粗集料应采用连续级配、坚硬耐久的碎石,最大粒径不应大于 12mm,其压碎值不超过 16%,针片状颗粒含量不超过 12%,含泥量不超过 1.0%。

3)细集料要求采用连续级配、坚硬耐久、颗粒洁净、粒径小于 4.75mm 的河砂或机制砂,细度模数宜为 2.5~3.2,天然砂含泥量不超过 3.0%,机制砂应控制石粉含量。

4)外加剂应对混凝土的强度及围岩的黏结力基本无影响,对混凝土和钢材无腐蚀作用,易于保存,不污染环境,对人体无害,使用前应进行相应性能试验。喷射混凝土拟用于堵塞漏水灌浆或要求支撑加固尽快达到强度值时,可掺加早强剂于混合料中。为使喷射混凝土在喷射后速凝,可掺加速凝剂于混合料中。

5)速凝剂应根据水泥品种、水灰比等通过试验选择掺量,使用前应做好速凝效果试验,要求初凝时间不应大于 3min,终凝时间不应大于 12min。应采用环保无碱液体速凝剂,不得采用粉状速凝剂。

6)工程用水应符合国家和行业现行有关标准的规定,不得使用污水、pH 值小于 4.5 的酸性水和硫酸盐含量超过 1% 的水。喷射混凝土用水不应含有影响水泥正常凝结与硬化的有害杂质。

7）钢纤维、合成纤维喷射混凝土应符合现行《公路隧道施工技术规范》（JTG/T 3660）的有关规定。

8）外掺料剂量应通过试验确定，加外掺料后的喷射混凝土性能应满足设计要求。

3 喷射作业应符合下列规定：

1）喷射混凝土混合料应采用机械搅拌，并拌和均匀，搅拌时间不应小于2min。

2）喷射作业应分段、分片、分层、由下而上对称进行，每次作业区段纵向长度不宜超过6m。

3）喷射混凝土作业应紧跟开挖面，下次爆破距喷射混凝土作业完成时间的间隔宜不小于3h。

4）喷射混凝土混合料应随拌随喷，回弹物不得重新用作喷射混凝土材料。

5）初喷混凝土厚度宜控制在20～50mm，岩面有较大凹洼时，可结合初喷找平。

6）根据喷射混凝土设计厚度、喷射部位和钢架、钢筋网设置情况，复喷可采用一次作业或分层作业。拱顶每次复喷厚度不宜大于100mm。边墙每次复喷厚度不宜大于150mm。复喷最小厚度不宜小于50mm。

7）后一层喷射混凝土应在前一层喷射混凝土终凝后进行。若终凝后初喷射混凝土表面已蒙上粉尘，后一层喷射混凝土作业前，应吹洗干净受喷面。

8）喷射混凝土作业时喷嘴应垂直岩面，喷嘴距岩面距离以0.6～1.5m为宜。喷射机工作压力宜根据混凝土坍落度、喷射距离、喷射机械、喷射部位确定，可先在0.2～0.7MPa选择，并根据现场试喷效果调整。

9）钢架与壁面之间的间隙应使用喷射混凝土充填密实、黏结良好，并将钢架包裹、覆盖。拱脚基础喷射混凝土要密实，不得悬空。

10）喷射混凝土终凝2h后，应喷水养护，养护时间不少于7d。隧道内环境温度低于5℃时，不得喷水养护。

11）冬季施工时，喷射混凝土作业区的温度不应低于5℃，混合料进入喷射机时的温度不应低于5℃。

6.3 锚杆

6.3.1 一般要求

1 隧道锚杆施工质量应执行工后检测。挂防水板之前，监理工程师、第三方检测单位应对隧道锚杆长度、数量、注浆饱满度、抗拔力等进行检测，抽检频率按本指南第6.12.6条的有关规定执行。

2 为保证拱部锚杆的施作质量，锚杆宜采用锚杆钻机或（多臂）钻孔台车钻孔，侧墙及拱腰部位可采用气腿式凿岩机钻孔。

3 所有锚杆都应安装垫板，垫板应与喷射混凝土紧密接触。

4 无钢架地段，系统锚杆应在初喷混凝土、挂网后施作，或在初喷混凝土、挂钢筋网、复喷后施作。有钢架地段,系统锚杆应在初喷混凝土、挂钢筋网、立钢拱架、复喷混凝土后施作。

5 现场监理工程师应准备锚杆验收专用记录本。对每次锚杆的检查验收,应详细注明锚杆施作的里程桩号、围岩等级、锚杆施作情况、设计数量、实做数量等。每期锚杆计量应附隧道现场监理工程师签认的锚杆验收记录复印件。

6 锚杆安装完成后,应截断锚杆杆体外露多余长度。锚杆外露头与垫板应进行防锈处理并满足防水板铺设对基面的要求。

7 用于支护和加固围岩的系统锚杆、局部锚杆不应与钢架焊接。

6.3.2 施工要点

1 锚杆钻孔直径、长度与深度应满足设计要求,钻孔直径应大于锚杆杆体直径15mm。钻孔深度与设计锚杆长度允许偏差为±50mm,锚杆长度允许偏差为±100mm。

2 钻孔前应按设计布置要求标出钻孔位置,钻孔宜保持直线,系统锚杆钻孔方向应与开挖面垂直,当岩层层面或主要结构面明显时,应尽可能与其成较大交角,但与开挖面的垂直偏差不宜大于20°;局部锚杆应与岩层层面或主要结构面成大角度相交。

3 锚杆材料应满足设计要求,并符合下列规定:

1)锚杆杆体直径20~28mm,杆体屈服抗拉力大于150kN,强屈比大于1.2。

2)锚杆用的各种水泥砂浆强度不应低于M20。

3)锚杆垫板材料宜采用Q235钢材。

4 安装垫板时,应确保垫板与锚杆轴线垂直,确保垫板与喷射混凝土层紧密接触。当锚杆孔的轴线与孔口面不垂直时,可在螺帽下安装楔形垫块或在垫板后用M20砂浆或混凝土找平。锚杆砂浆凝固前不得加力。

5 普通水泥砂浆锚杆应满足设计要求,并符合下列规定:

1)普通水泥砂浆锚杆,施工顺序为成孔后先清理后注浆,再安装锚杆。

2)普通水泥砂浆锚杆宜选用螺纹钢筋作锚杆。锚杆外露端应加工120~150mm的标准螺纹,锚杆插入孔内到设计深度时,锚头丝外露长度一般为80~100mm,并采用配套标准螺母。

3)水泥:砂:水宜为1:(1~1.5):(0.45~0.5),砂的粒径不宜大于3mm。

4)砂浆应随拌随用,一次拌和的砂浆应在初凝前用完,已初凝的砂浆不得使用。

5)采用单管注浆工艺,灌浆管应插至距孔底50~100mm处,开始注浆后反复将注浆管向孔底送,使砂浆将孔内多余的水挤压出孔外,之后随水泥砂浆的注入缓慢匀速拔出。灌浆压力不宜大于0.4MPa。

6)注浆开始或中途暂停超过30min时,应使用水润滑灌浆罐及其管路。

7)灌注砂浆后应及时插入锚杆杆体,锚杆杆体插到设计深度时,孔口应有砂浆流出,若孔口无砂浆流出,则应将杆体拔出重新灌浆。对向上倾斜的拱部锚杆,灌浆后应及时安装止浆塞,避免砂浆泄漏形成空孔。全长黏结锚杆应灌浆饱满。

8)普通水泥砂浆锚杆用作锁脚锚杆时,角度宜向下30°~45°。

6 中空注浆锚杆应满足设计要求,并符合下列规定:

1)对中空锚杆的注浆,监理工程师应旁站记录,不得有未注浆行为。

2)中空注浆锚杆施工时应保持中空通畅,并留有专门排气孔。螺母应在砂浆初凝后拧紧,并使垫板与喷射混凝土面紧密接触。

3)中空注浆锚杆应有锚头、垫板、螺母、止浆塞等配件。

4)注浆过程中,注浆压力应保持在0.3MPa左右,待排气口出浆后,方可停止灌浆。

5)宜采用注浆快速接头。

7 水泥砂浆药包锚杆应满足设计要求,并符合下列规定:

1)应对药包做泡水检验,药包包装纸应采用易碎纸。

2)药包不应有受潮结块现象。药包宜在清水中浸泡,随用随泡。

3)药包应以专用工具推入钻孔内,防止中途破裂。

4)锚杆宜采用手送插入并转动锚杆,也可锤击安装,但不得损伤锚头螺纹。

5)锚杆插到设计深度时,孔口应有砂浆流出,无砂浆流出时应补灌砂浆。

6)砂浆的初凝时间不得小于3min,终凝时间不得大于30min。

7)应使垫块与喷射混凝土紧密接触。

8 锁脚锚杆安装施工应符合下列规定:

1)应在钢架安装就位后立即施作。

2)安装位置应在钢架连接钢板以上100~300mm,采用型钢钢架时设于钢架两侧,采用格栅钢架时设在钢架主筋之间。

3)锁脚锚杆方向应符合设计规定。

4)锁脚锚杆杆体可采用螺纹钢或钢管,采用钢管时管内应注满砂浆。

5)锁脚锚杆外露头与型钢钢架焊接时,可采用U形钢筋辅助焊接。

6)上部台阶锁脚锚杆砂浆强度达到设计强度的70%以上,方可进行下一台阶开挖。

6.4 钢架

6.4.1 一般要求

1 钢架节段应采用工厂化加工制作,并分节段制作,每节段长度应根据设计尺寸及开挖方法确定,不宜大于4m。每片节段应编号,注明安装位置。

2 型钢钢架宜采用冷弯法制作成型。型钢钢架与连接钢板焊接应采用双面二氧化碳气体保护焊。

3 格栅钢架应按1:1制作胎模,以便控制尺寸(附录A.2)。钢筋需采用工厂化数控设备制作,所有钢筋节点应采用双面对称焊接,宜使用二氧化碳气体保护焊。

4 钢架接头钢板厚度及螺栓规格应符合设计要求。制作钢板时应采用等离子切割机切割,应采用液压冲剪板机制作接头钢板螺栓孔,采用砂轮机清除孔口毛刺和钢渣。同规格每榀之间应可以互换。不得采用氧焊烧孔。

5 钢架加工尺寸应符合设计要求,其形状应与开挖断面相适应。

6 不同规格的首榀钢架加工完成后,应放在平地上试拼,周边拼装允许偏差为±30mm,平面翘曲应小于20mm,连接螺栓应装全。应在各部尺寸满足设计要求后批量生产。

7 推荐采用钢拱架安装机,如三臂(筐)钢架安装机。

8 施工单位应加强对钢架加工制作班组的指导、总结,固化工艺流程,监理单位应加强对焊接质量的抽检。

6.4.2 施工要点

1 钢架应在初喷混凝土后安装,安装前应检查开挖断面轮廓、中线及高程。

2 安装钢架时应确保两侧拱脚放在牢固的基础上。安装前应将底脚处的虚渣及其他杂物彻底清除干净,并在拱脚支垫预制混凝土块,采用喷射混凝土喷实,不得底部悬空。

3 钢架应分节段安装,节段与节段之间应按设计要求连接,连接钢板应连接紧密。

4 安装钢架时应严格控制安装榀数、间距偏差、倾斜度和保护层厚度。安装位置采用红油漆标注,并编写号码。

5 钢架立起后,应根据中线、水平将其校正到正确位置,然后用定位筋固定。钢架应垂直于隧道中线,竖向不倾斜,平面不错位,不扭曲。上、下、左、右允许偏差为±50mm,钢架倾斜度允许偏差为±2°。

6 相邻两榀钢架之间应采用纵向钢筋连接,纵向筋应内外侧交错布置,布置间距应符合设计要求。

7 钢架应尽可能与围岩或初喷面密贴,有间隙时应采用混凝土垫块楔紧,并采用喷射混凝土充填密实,使钢架与喷射混凝土形成整体,不得采用片石回填。钢架外侧保护层厚度应不低于40mm,内侧保护层厚度应不低于20mm,并满足设计要求。

8 应经常检查钢架,如果发现破裂、倾斜、弯扭、变形以及接头松脱等异状,应立即换拱处理。

9 钢架的抽换、拆除,应本着"先顶后拆"的原则进行,防止围岩松动坍塌。

6.5 钢筋网

6.5.1 一般要求

1 钢筋网材料应满足设计要求。钢筋网钢筋在使用前应调直、清除锈蚀和油渍。

2 钢筋网片宜采用钢筋网片自动焊接机加工,加工完成后统一堆码(图6.5.1-1和图6.5.1-2)。

图 6.5.1-1　钢筋网片自动焊接机

图 6.5.1-2　钢筋网片统一存放

6.5.2　施工要点

1　应在初喷混凝土后铺设钢筋网。用双层钢筋网时,第 2 层钢筋网应在第 1 层钢筋网被混凝土覆盖后再铺设。

2　钢筋网应随受喷岩面起伏铺设,与初喷混凝土面的最大间隙不宜大于 50mm。

3　钢筋网应与锚杆外其他固定装置连接牢固,在喷射混凝土时不得晃动。

4　钢筋搭接长度不得小于钢筋直径的 30 倍,并不得小于一个网格长边尺寸。

6.6　超前锚杆支护

6.6.1　一般要求

1　超前锚杆搭接长度应不小于 1m,锚杆插入孔内的长度不得小于设计长度。

2　超前锚杆宜和钢架支撑配合使用,外插角度应满足设计要求。锚杆长度宜为 3～5m,并应大于循环进尺的 2 倍。

3　锚杆材料应符合本指南第 6.3 节的有关规定。

6.6.2　施工要点

1　应测量开挖面中线、高程,画出开挖轮廓线,并点出锚杆孔位,孔位允许偏差为 ±50mm。

2　钻孔台车或凿岩机钻孔应满足设计要求,用吹管、掏勺将孔内碎渣和水排出。

3　超前锚杆安装应遵循:填塞锚固药卷,将早强锚固剂药卷放在水中,泡至软而不散时取出,再人工持炮棍将药卷塞满至孔深 1/3～1/2 处,用人工持铁锤将锚杆打入,到锚杆达孔底且孔口有浆液流出为止。注浆施工应符合本指南第 6.3 节的有关规定。

4　锚杆应沿开挖轮廓线周边均匀布置。尾端与钢架应焊接牢固,以增强共同支护作用。锚杆入孔长度应符合要求。

6.7 超前小导管支护

6.7.1 一般要求

1 超前小导管直径应按设计要求选用和加工,长度应满足设计要求,宜采用数控小导管冲孔机(图6.7.1-1)进行冲孔,管头采用数控缩尖机制作(图6.7.1-2)。

图6.7.1-1 数控小导管冲孔机　　　　　　　　图6.7.1-2 数控缩尖机

2 对小导管注浆要有旁站记录,记录内容应包含以下内容:施作里程范围、小导管根数、长度、最大单根注浆量、最小单根注浆量、总注浆量、注浆控制压力(注浆量以使用水泥袋数或千克为单位)。同时对小导管、管棚的安装和注浆应留存影像资料。严禁未注浆行为。推荐采用注浆一体机,可实现数据自动传输及监控功能。

6.7.2 施工要点

1 尾端应支撑于钢架上,并应焊接牢固。外插角、长度、间距、注浆压力等各项参数应满足设计要求。

2 钻孔、安装小导管后,管口应使用麻丝和锚固剂封堵钢管与孔壁间空隙,管口应安装封头和孔口阀,并能承受规定的最大注浆压力和水压。

3 注浆前,应对开挖面喷射厚50~100mm混凝土封闭,防止注浆作业时发生孔口跑浆现象。

4 注浆压力应为0.5~1.0MPa。注浆应按由下至上的顺序施工,浆液先稀后浓、注浆量先大后小。

5 结束标准以终压控制为主,注浆量校核。当注浆压力为0.7~1.0MPa,可在持续15min后终止注浆。

6.8 超前管棚支护

6.8.1 一般要求

1 超前管棚宜采用履带式潜孔钻机钻孔。

2 超前管棚支护的长度和钢管外径应满足设计要求。两组管棚之间纵向搭接长度应不小于3m。

3 管棚钢管外径宜为70~180mm,钢管中心间距宜为管径的2~3倍,外插角宜为1°~5°。

6.8.2 施工要点

1 应沿隧道开挖轮廓线纵向钻设管棚孔,在不侵入隧道开挖轮廓线的前提下,外插角越小越好。孔深不宜小于10m,一般为18~45m,孔径比管棚钢管直径大20~30mm,钻孔应由高孔位向低孔位跳孔进行。

2 管棚钢管宜分节连续顶入钻孔。节段长度不宜小于2m,相邻钢管的接头错开距离应大于1m。各节段间应采用丝扣或套管焊接连接,连接长度不应小于50mm。

3 管棚应以套拱内预埋的孔口管定向、定位,严格控制其上抬量和角度。

4 钻孔施工应利用套管跟进的方法钻进、长管安装一次完成。为保证长管棚施工质量,宜在拱脚部位选2个孔作为试验孔,找出地层特点,并进行注浆和砂浆充填试验。

5 安装钢管时,应每钻完一孔顶进一根钢管。

6 为确保注浆质量,在钢管安装后,应使用麻丝和锚固剂封堵管口钢管与孔壁间空隙,钢管自身利用孔口安装的封头将密封圈压紧,压浆管口上安装三通接头。

7 应使用双液注浆泵按先下后上,先单液浆、再双液浆,先稀后浓的原则注浆。注浆量以压力控制为主,注浆量校核,初压宜为0.5~1.0MPa,终压宜为2.0MPa。每孔的注浆压力应达到2.0MPa,继续保持10~15min后即可停止注浆。

8 注浆后,应扫排管内胶凝浆液,用水泥砂浆紧密充填,增强管棚的刚度和强度。对于非压浆孔,可直接充填。

6.9 超前预注浆

6.9.1 一般要求

1 注浆段的长度应满足设计要求,每循环长度宜为5~20m。

2 注浆管应根据设计要求选用相应规格的钢管加工,布置角度及深度应符合设计要求。

3 隧道开挖应在注浆强度达到设计强度的70%后进行。

4 注浆材料及浆液配合比应根据地质条件、注浆目的、注浆工艺等因素通过试验确定。一般情况下注浆材料应选用水泥系列浆材,不宜采用化学浆材,水泥一般应选用普通硅酸盐水泥。采用水泥浆液时,水灰比可采用0.5:1~1:1;采用水泥—水玻璃浆液时,应根据胶凝时间配制,一般水玻璃浓度为25~40波美度,水泥浆与水玻璃的体积比宜为1:1~1:0.3。

5 注浆压力应根据岩性、施工条件等因素在现场试验确定。注浆过程中应根据浆液扩散情况、注浆量、注浆压力等参数调整注浆材料和配合比。

6 注浆方式可选用前进式、后退式或全孔式,应从拱顶顺序向下进行:

1)前进式注浆:当钻孔遇到较大涌水时,应暂停钻孔,待压浆后钻孔,重复钻孔、注浆。

2）后退式注浆：当钻孔中涌水量较小时，钻孔可直接钻到设计深度，然后从孔底向孔口分段注浆。

3）全孔式注浆：钻孔至设计孔底，然后一次注浆完毕。

6.9.2 施工要点

1 8～15m 的浅孔可采用钻孔台车或重型风钻钻孔，当孔深超过 15m 时应采用地质钻机钻孔。

2 注浆机具设备应性能良好，满足使用要求。注浆作业应符合下列规定：

1）注浆前应进行压水或压入稀浆试验，判断地层的吸浆和扩散情况，确定浆液种类、浓度和注浆压力，发现与设计不符时，应立即调整。

2）在涌水量大、压力高的地段钻孔时，应先设置带闸阀的孔口管。当出现大量涌水时，拔出钻具、关闭孔口管上的闸阀，做好准备后进行注浆。当掌子面围岩破碎时，应先设置止浆墙和孔口管。孔口管埋入止浆墙深度应根据最大注浆压力而定。孔口管应为无缝钢管，直径不宜小于90mm。

3）安装注浆管时，应在注浆管孔口处用胶泥和麻丝缠绕，使之与钻孔孔壁充分挤压塞紧，实现注浆管的止浆与固定。胶泥凝固到有足够强度后方可进行注浆。

4）分段注浆时，应设置止浆塞，止浆塞应能承受注浆终压的要求。

5）注浆过程中应做好施工记录，施工记录应包括孔位、孔径、孔深、浆液配合比、注浆压力、注浆量、跑浆、串浆等情况的说明。发现问题应及时处理。

6）浆液的浓度、胶凝时间应符合设计要求，不得任意变更。

3 注浆结束条件应符合下列规定：

1）单孔结束条件：注浆压力达到设计终压并稳定 10min，且进浆速度小于开始进浆速度的 1/4，或注浆量不小于设计注浆量的 80%。

2）全段结束条件：所有注浆孔均已符合单孔结束条件，无漏注情况。

4 注浆后应对注浆效果进行检查，如未达到要求，应选用下列三种方法之一检查注浆效果并进行补孔注浆：

1）分析法：分析注浆过程，查看每个孔的注浆压力、注浆量是否达到设计要求；注浆过程中漏浆、跑浆是否严重，从而以浆液注入量估算注浆扩散半径，分析是否与设计相符。

2）检查孔法：用地质钻机按设计孔位和角度钻检查孔提取岩芯进行鉴定，同时测定检查孔的吸水量（即钻机漏水量），单孔时应小于 $1L/(min·m)$，全段应小于 $20L/(min·m)$。

3）物探无损检测法：用地质雷达、声波探测仪等物探仪器对注浆前后岩体声速、波速、振幅及衰减系数等进行无损探测来判断注浆效果。

6.10 地表砂浆锚杆

6.10.1 地表砂浆锚杆可用于浅埋、洞口地段和偏压地段的地层预加固。施工工艺及施工要点应符合本指南第 6.3 节的有关规定。

6.10.2 地表砂浆锚杆应注意下列事项：
1 锚杆宜垂直于地表设置，根据地形及岩石层面具体情况也可倾斜设置。
2 锚杆长度可根据隧道覆盖层厚度和实际施工能力确定。
3 为使预加固有较好的效果，锚固砂浆达到设计强度的70%以上，才能进行下方隧道的开挖。

6.11 地表注浆

6.11.1 地表注浆适用于隧道埋深小于50m、围岩稳定性较差、开挖过程中可能引起塌方的不良地质地段的预先加固，其施工工艺及施工要点应符合本指南第6.9节的有关规定。

6.11.2 地表注浆应注意下列事项：
1 注浆钢管宜垂直于地表或坡面设置。
2 考虑到加固带的厚度，钢管宜呈梅花形，深浅不同、错落布置。
3 根据注浆设计、地表特点及地质条件等进行材料、注浆工艺、设备和浆液配合比的选择和调整。
4 注浆强度达到设计强度的70%后方可进行隧道开挖。
5 合理进行注浆施工组织，制订严格的现场施工环境保护措施和预案，防止注浆施工破坏和污染环境。

6.12 初期支护质量要求

6.12.1 建设单位宜委托第三方专业检测单位对初期支护的净空、混凝土强度、厚度、空洞情况、锚杆施工质量和钢拱架（钢格栅）间距进行检测。

6.12.2 应采用全站仪或激光断面仪进行初期支护净空检测，每10m检查3个断面；有条件采用三维激光扫描仪的宜进行全断面检测。

6.12.3 监理单位应加强工序验收，并加强对喷射混凝土强度的抽检。

6.12.4 喷混凝土应均匀密实，表面平顺光亮，无干斑、漏喷、空鼓、钢筋网、钢架外露或流滑现象。表面不平顺应补喷。施工过程中可采用直尺进行平整度检查。

6.12.5 同批试件组数大于或等于10时，试件抗压强度平均值不应低于设计值，任一组试件抗压强度不应低于设计值的0.85倍。同批试件组数小于10时，试件抗压强度平均值不应低于设计值的1.05倍，任一组试件抗压强度不应低于设计值的0.9倍。

6.12.6 锚杆数量应不少于设计数量。锚杆28d拔力平均值应大于或等于设计值，最小拔力应大于或等于设计值的0.9倍。抽检频率应为锚杆数的1%，且不少于3根。抗拔力试验用的预留锚杆应加套PVC管，不得与喷射混凝土黏结，不得与拱架焊接。

7 仰拱与铺底

7.1 一般规定

7.1.1 隧道设有仰拱时,应及时安排施工,使支护结构早闭合,以改善围岩受力状况、控制围岩变形、保障施工安全。

7.1.2 仰拱回填及铺底应在二次衬砌混凝土施工前完成,宜保持超前3倍以上衬砌循环作业长度,以便于衬砌台车模筑混凝土施工。

7.1.3 仰拱宜全断面一次开挖成型,仰拱混凝土应全幅浇筑,不得左右半幅分幅分次浇筑。Ⅳ级及以上围岩仰拱每循环开挖长度不得大于3m,仰拱混凝土接缝应平顺并做好防水处理。

7.1.4 仰拱开挖应严格按已审批开挖方案进行,并结合二次衬砌混凝土抓紧进行仰拱初期支护和仰拱模筑混凝土施工,实现支护结构早闭合。

7.1.5 仰拱和铺底施工前应清除积水、杂物、虚渣等。

7.1.6 仰拱、铺底施工过程中应采取措施保证洞内临时交通通畅。可采用搭过梁或栈桥施工方案,设临时车辆通行平台保证不中断运输,推荐采用自行式液压带弧模仰拱栈桥台车。

7.1.7 隧道底部(包括仰拱)超挖在允许范围内时应采用与衬砌相同强度等级混凝土浇筑;超挖大于规定时,应按设计要求回填,不得用洞渣随意回填,不得侵入衬砌断面(或仰拱断面)。

7.1.8 铺底混凝土厚度和强度应满足设计和施工要求。达到设计强度前不得开放交通,避免在车辆反复行驶后损坏。

7.1.9 仰拱与掌子面距离:Ⅲ级围岩不得超过90m,Ⅳ级围岩不得超过50m,Ⅴ级及以上围岩不得超过40m。

7.2 施工要点

7.2.1 开挖

1　仰拱土层开挖应以人工配合机械开挖为主。

2　**隧道底两隅与侧墙连接处应平顺开挖,避免引起应力集中**。边墙钢架底部杂物应清理干净,保证与仰拱钢架连接良好。

3　仰拱开挖遇变形较大的膨胀性围岩时,应在底面与两隅预先施作锚杆或采取其他加固措施后,再行开挖。

4　处于洞口部位或洞内断层破碎带的隧道仰拱开挖,应严格按审批方案施工,一次开挖范围不得过大,防止造成隧道侧墙部位收敛变形过大,影响施工安全。

7.2.2 初期支护

1　仰拱开挖完成后,应及时进行仰拱初期支护施工。

2　初期支护混凝土强度、厚度、钢架加工安装质量等应符合设计及国家和行业现行有关标准的要求。

3　当仰拱底无初期支护层时,宜先施作混凝土垫层,形成良好的作业面,以利于进行仰拱钢筋安装、立模等作业。

4　仰拱钢支撑安装应符合国家和行业现行有关标准的规定,应与边墙拱架的牛腿焊接牢固,确保焊接质量。

7.2.3 二次衬砌钢筋

1　仰拱钢筋的制作及安装应符合设计及国家和行业现行有关标准的要求。仰拱两侧二次衬砌边墙部位的预埋钢筋伸出长度应满足和二次衬砌环向钢筋焊连要求,且将接头错开,使同一截面的钢筋接头数不超过50%。

2　仰拱二次衬砌钢筋的绑扎应保证双层钢筋的层距和每层钢筋的间距符合设计要求,层距的定位一般通过焊接定位钢筋来确定。

3　仰拱二次衬砌两侧边墙部位的预埋钢筋的弯曲弧度应与隧道断面的设计弧度相符,伸出长度应满足与二次衬砌环向钢筋焊接的要求(搭接长度应符合国家和行业现行有关标准的规定),钢筋间距应均匀并满足设计要求。

7.2.4 混凝土施工

1　仰拱混凝土应超前衬砌施工。仰拱和铺底施工前应清除积水、杂物、虚渣等。

2　仰拱、仰拱填充层及铺底混凝土配比应准确,应使用模板、机械振捣密实,并保证成型尺寸符合设计要求。仰拱弧形模板宜使用与二次衬砌台车单块面板宽度相同的圆弧形钢模,并留振捣窗,振捣窗纵横向间距不宜大于2.0m,振捣窗不宜小于450mm×450mm,端头模宜采用定型钢模。

3　浇筑仰拱时,应通过控制混凝土坍落度的措施防止混凝土向中间低处流动,避免造成中间超厚、边部厚度不足。

4 仰拱超挖在允许范围内时,应采用与衬砌相同强度等级的混凝土进行浇筑;超挖大于规定时,应按设计及国家和行业现行有关标准的要求进行回填,不得用洞渣随意回填,回填物不得侵入仰拱断面。

5 仰拱衬砌混凝土不得与仰拱回填一次浇筑,仰拱回填混凝土或片石混凝土应在仰拱混凝土达到设计强度的70%后施工。

6 仰拱回填采用片石混凝土时,片石应距模板50mm以上,片石间距应大于粗集料的最大粒径,并应分层摆放,捣固密实。

7 仰拱衬砌横向施工缝与回填混凝土横向施工缝宜错开0.5m布设。在设有变形缝处,仰拱衬砌变形缝与回填混凝土变形缝应在同一断面位置。

8 施工单位应优化施工组织和加强现场运输车辆(特别是出渣车辆)的管理。对于仰拱和仰拱回填应架设栈桥以便车辆通行。对处于养生期的铺底混凝土应采取围蔽措施,不得通行车辆。仰拱回填和铺底混凝土强度达到设计强度后方可允许车辆通行。

9 铺底底部应做好排水处理。围岩有地下水冒出时,应设置盲沟引排。

7.3 质量要求

7.3.1 监理单位应加强对隧道底部开挖断面形状、尺寸、基底高程、基底承载力等的核查,并对仰拱回填、铺底混凝土强度、厚度、平整度等进行检查,应符合表7.3.1的要求。

仰拱施工质量控制标准 表7.3.1

序号	检查项目		规定值或允许偏差	检查方法和频率
1	混凝土强度(MPa)		符合设计要求	—
2	坍落度(mm)	<100	±20	坍落度筒
		≥100	±30	
3	厚度		不小于设计值	立模后,每模端头作为一个检查断面,沿模板弧线检测,每个浇筑段检测不少于2个断面,每个断面检测不少于5个点,模板每振捣窗检测1个点
4	底面高程(mm)		±15	每个浇筑段检测不少于2个断面,每个断面检测不少于5个点

7.3.2 施工完成后,仰拱衬砌混凝土表面应无露筋,仰拱回填、铺底表面及接缝应平顺,无开裂,坡度符合要求(表7.3.2)。

铺底、仰拱回填质量控制标准 表7.3.2

序号	检查项目	规定值或允许偏差	检查方法和频率
1	混凝土强度(MPa)	符合设计要求	—

续上表

序号	检 查 项 目		规定值或允许偏差	检查方法和频率
2	坍落度(mm)	<100	±20	坍落度筒
		≥100	±30	
3	铺底厚度		不小于设计值	混凝土浇筑前,每个浇筑段检测不少于2个断面,每个断面检测不少于5个点
4	顶面(铺底)高程(mm)		±10	混凝土浇筑前,每个浇筑段检测不少于2个断面,每个断面检测不少于5个点

7.3.3 建设单位宜委托第三方单位对隧道仰拱回填厚度、回填密实度及空洞情况进行检测。必要时,可采取钻孔取芯检验。

8 防水与排水

8.1 一般规定

8.1.1 隧道防排水施工应遵循"防、排、截、堵相结合,因地制宜,综合治理"的原则,保证隧道结构物和运营设备的正常使用和行车安全,并妥善处理地表水、地下水,形成一个完整、通畅的防排水系统。

8.1.2 隧道施工前应根据工程地质、水文地质资料制订防排水方案。隧道内施工废水、围岩渗水不应形成漫流和积水,应汇流集中引排,有条件的宜提前施作暗沟引流排水。

8.1.3 隧道施工防排水设施应与营运防排水工程相结合。应按设计做好防水混凝土、防水隔离层、施工缝、变形缝防水,并确保盲沟、排水管(沟)排水通畅。

8.1.4 洞内出现的地下水,经化验确认对衬砌结构有侵蚀性时,应按图纸要求针对不同侵蚀类型采取相应的抗侵蚀措施。设计无要求时,应及时上报并进行变更处理。

8.1.5 应加强衬砌背后的防排水设施,强调结构自身防水,并根据隧道的渗水部位和开挖情况适当选择排水设施位置,富水段落应适当加强,并配合衬砌进行施工。如设计图纸无特殊要求,衬砌背后流水均应排入隧道排水暗沟。有压浆时,不得将排水设施堵塞。

8.1.6 防水层应在初期支护基本稳定时施工,并做好防水板的保护工作。

8.1.7 停车带、洞室与正洞连接处的防排水工程应与正洞同时完成,其搭接处应平顺,不得有破损和折皱。

8.1.8 应加强成品保护工作,开挖和衬砌作业不得损坏防水层,当发现层面有损坏时应及时修补。对防水层在下一阶段施工前的连接部分,应采取措施保护。

8.1.9 隧道防排水材料种类繁多,产品质量良莠不齐,建设单位应严把防水材料质量关。施工单位宜根据设计要求及现场施工需要,提前向厂家定制。材料进场后,监理单位应统一现场抽检,执行"盲样"送检制度,送检的检验项目应至少包括:规格尺寸、外观质量、常温拉伸强度、常温扯断伸长率、撕裂强度、低温弯折、不透水性。

8.1.10 设计单位宜开展隧道可维护可更换防排水系统的设计与研究。对地质、水文条件特殊的隧道工程,应加强排水系统设计,保证长期排水功能。

8.1.11 防排水施工工艺粗糙、不精细是造成隧道渗漏水的重要因素,监理单位应加强对防排水设施的过程检查和工序验收,重点检查防水板、止水带、纵横向盲管以及排水管设置的规范性、有效性。

8.1.12 防排水设施施工完成后,施工单位应及时清理建筑垃圾,并对纵横向排水管、暗沟、排水沟等进行疏通。隧道交工验收前,监理单位应组织对防排水设施的疏通情况进行专项检查。

8.2 施工防、排水

8.2.1 防排水施工应满足下列规定:

1 隧道进洞前应做好洞顶、洞口、辅助坑道口的地面排水系统,防止地表水的下渗和冲刷。对于覆盖层较薄和渗透性强的地层,应及早处理地表水,同时应注意下列事项:

1)洞口附近和浅埋隧道洞顶不得积水。

2)岩溶孔洞等特殊地质应按设计要求处理。

3)洞顶上方如有沟谷通过且沟谷底部岩层裂缝较多,地表水渗漏对隧道施工有较大影响时,应及时用浆砌片石铺砌沟底,并用水泥砂浆勾缝、抹面。

4)洞顶附近有井、泉、池沼、水田等时,应妥善处理,不宜将水源截断、堵死。

5)应整治洞顶已有排水沟槽,确保水流通畅,必要时应进行铺砌。

6)对隧道地表沟谷(槽)、坑洼、钻孔、探坑等,宜采用疏导、勾补、铺砌和填平等措施。废弃的坑洞、钻孔等应填实密闭,防止地表水下渗。

2 边坡、仰坡坡顶的截水沟应结合永久排水系统在洞口开挖前修建,其出水口应防止顺坡面漫流,洞顶截水沟应与路基边沟顺接组成排水系统,防止水流冲刷周边农田和水利设施。

8.2.2 洞内顺坡排水施工应满足下列规定:

1 洞内应做到不积水、不泥泞,宜提前施作暗沟引流排水。排水沟断面应满足隧道中渗漏水和施工废水的排放需求。应经常清理排水设施,防止淤塞,确保水路畅通。临时排水水沟位置应远离边墙,宜距边墙基脚不小于1.5m。

2 在膨胀岩、土质地层、围岩松软地段等特殊或不良地质地段隧道中,排水不宜直接接触围岩,宜根据需要采用管槽排水,或对排水沟进行硬化、铺砌,排水沟中不得有积水。

3 采用台阶法施工时,应在下台阶开挖前从上台阶架槽(管)将水引排至下台阶排水沟内。横向分幅开挖时应挖横向排水沟将水引至未开挖一侧,不得漫流浸泡下台阶基坑。

8.2.3 洞内反坡排水施工应满足下列规定:

1 对于反坡排水的隧道,可根据距离、坡度、水量和设备等因素布置排水管道,一次或分段接力将水排出洞外。接力排水时应在掌子面合理设置临时集水坑,通过水泵逐级抽排至洞口,机械排水能力不小于估算的地下水量的1.5倍,并应有备用抽水机。应做好停电时的应急排水准备工作。集水坑容积应按实际排水量确定,其位置不得影响洞内运输和安全。

2 推荐使用分级集水箱自动泵排水方法。每间隔50~100m设置一个集水箱,箱内放置1台自动排水泵和1台备用水泵,当集水箱水位达到上限时排水泵自动开启排水,集水箱水位排降到下限位置时排水泵自动断电并停止排水,避免突发涌水时因人工开启水泵延误抽水造成淹洞风险。

8.2.4 洞内水量较大时可采用"以排为主"的处理措施:

1 洞内有大面积渗漏水和股水时,宜集中汇流引排。

1)可采用钻孔集中汇流引排,并对钻孔位置、数量、孔径、深度、方向和渗水量等做详细记录,在确定衬砌拱墙背后排水设施时应考虑上述因素。

2)在地下水发育的易溶性岩层中施工,为防止水囊、暗河及高压涌水突然出现,开挖工作面上应布设超前钻孔,并制订防止涌水的安全措施。

3)洞内涌水或地下水位较高时,可采用井点降水法和深井降水法处理。

2 当开挖工作面前方有承压水,且排放不会影响围岩稳定及隧道周边环境时,可采用超前钻孔或辅助坑道排水。超前钻孔及辅助坑道应保持10~20m的超前距离,最短亦应超前1~2倍掘进循环长度。

3 地下水水量不大时可引入临时排水沟内排出。地下水较丰富、无法排出或排水费用昂贵以及不允许排水的情况下,经技术、经济比选,可采用注浆堵水措施。根据隧道埋深采用地面预注浆或掌子面超前预注浆。

4 隧道施工中遇高压涌水危及施工安全时,宜先采用排水的方法降低地下水的压力,然后用注浆法进行封堵。封堵涌水注浆应先在周围注浆,切断水源,然后顶水注浆,将涌水堵住。

8.2.5 其他情况下的施工防排水措施:

1 隧道施工有平行导坑或横洞时,应充分利用辅助导坑排水,降低正洞水位,使正洞水流通过辅助导坑引出洞外。必要时可设置永久排水沟,使坑道封闭后能保持水流畅通。

2 隧道通过不透水和透水性强的石层时,应根据设计文件和调查资料,在可能进入滞水带前20~30m,用深孔钻机钻孔穿入透水层,以利预探和排水。当涌水量很大,用钻孔不能满足排水需要时,应在衬砌完成地段或围岩坚硬稳定地段开挖迂回侧洞,排除滞水带内储水。泄水洞施工前,应参照设计文件提供的水文资料和涌水处理措施确定施工方法。

3 松散破碎含水地层中,洞内工作面可采用人工降水法。浅埋隧道可采用地表深井降水法减小水压,降低地下水位。当含水量大且地段超长时,可采用超前预注浆堵水。围岩注浆堵水应根据工程地质和水文地质条件,通过试验进行设计,再进行压浆。在施工过程中应修正各项注浆参数,改进工艺操作,提高堵水效果。

8.2.6 隧道施工前应制订防涌水、突泥的安全措施。应对工程地质和水文地质做详细的调查分析,先判明地下水流方向,再确定钻孔位置、方向、数量和钻孔深度,在开挖面布

置超前钻孔,预防水囊、暗河、高压涌水等的危害,并采取下列措施:

1 非施工人员应撤出危险区。

2 在钻孔前预先埋管设阀,控制排水量,防止承压水冲击及淹没坑道等意外险情发生。

3 应及时测算水量、水压、流速、含泥量等,备足配套的抽水设备。

4 水平钻孔钻到预期的深度但未出水时,可会同设计单位进一步进行地质和水文的勘测工作,重新判定地下水情况。

8.3 结构防、排水

8.3.1 一般要求

1 防排水材料应符合国家和行业现行有关标准的规定,满足设计要求,并具有出厂合格证明,不得使用有毒、污染环境的材料。

2 为确保隧道营运期间有良好的防水效果,公路隧道防水卷材不宜使用复合片,可采用均质片+无纺土工布的防水层结构形式,对局部地下水发育地段可采用高密度聚乙烯(HDPE)单面自粘防水卷材+无纺土工布形式。

3 防水板宜选用高分子材料,一般幅宽为3~6m,耐刺穿性好、柔性好、耐久性好,厚度不小于1.2mm,无纺土工布重量不小于350g/m²。

4 隧道存在基面凹凸不平的特殊性,对隧道防水卷材的指标要求高于其他工程,选材时应优先选择物理性能指标高的防水卷材,应耐老化、耐腐蚀、有足够强度及延伸率、易操作、易焊接且焊接时无毒气。

8.3.2 施工要点

1 衬砌背后防排水应符合下列规定:

1)衬砌背后防排水设施有纵、横、环向盲管等,应配合衬砌进行施工。施工时既要防止因漏水而造成浆液流失,还要注意浇筑混凝土或压浆时,浆液不得浸入沟管内,确保预埋的透水盲沟不被堵塞。应注意排水孔道的连接,以形成一个通畅的排水系统。

2)排水盲管的材质、直径、透水孔的规格、间距应符合设计及国家和行业现行有关标准的规定。

3)排水管系统应按设计连通形成完整的排水系统。管路连接应采用变径三通方式,连接牢固、畅通,安装坡度符合设计要求。纵向排水管与三通接头连接后,应使用土工布包裹。应做好纵向排水管的高程控制,确保排水通畅。

4)环向排水盲管应紧贴支护表面安设,布置应圆顺,不得起伏不平,在地下水较大的地段应适当加密,并将水引入衬砌两侧纵向排水管中排出洞外。一般应在初喷后再敷设排水盲管,喷射混凝土时不得冲击、损伤或冲掉盲管,应尽可能将其覆盖。初期支护完成后如果还有渗漏水,应再加设盲管。

5)横向排水管应能够及时有效地将二次衬砌背后的水排入暗沟,控制好出水口高程,施工过程应经常检查,以确保整个排水系统的通畅。

6)无纺布一般应采用射钉配合热熔垫固定。用长度不小于5cm的水泥钉与热塑性圆垫圈将无纺布钉牢在初期支护表面,水泥钉按梅花形布置。隧道防水板热熔垫片安装推荐使用定位仪,通过打出的激光红点图案,提高热熔垫片布点的精确性(图8.3.2-1、图8.3.2-2)。

图8.3.2-1 热熔垫片定位仪示例1　　　图8.3.2-2 热熔垫片定位仪示例2

2 防水板铺设应符合下列规定:

1)防水板施工前,应复核中线位置和高程,检查断面尺寸,衬砌施工后的衬砌厚度和净空应符合国家和行业现行有关标准的规定以及设计要求。防水板铺挂前应进行基面检查及处理,主要内容包括:

(1)初期支护表面应平整,无空鼓、裂缝、酥松,对于初期支护表面外露的锚杆头、钢筋网头等坚硬物,应采用电焊或氧焊齐根切除,并用1∶2水泥砂浆抹平,以防止顶破防水板。

(2)对局部凹凸部分,应喷补、修凿,使其表面平顺。对超挖较大的部位,应挂网喷锚。

(3)基面明水应布设盲管引排。对于拱顶的大面积渗水,可用防水板配合盲管集中引排,或打孔集中引排到临时排水边沟。

(4)初期支护表面平整度应满足 $D/L \leqslant 1/6$ 的要求(D 为初期支护表面相邻两凸面间的距离,L 为该两凸之间凹进去的深度)。

2)防水板应环向整幅铺设,拱部和边墙无纵向搭接。应减少接头焊缝,提高焊接质量。应超前二次衬砌施工1~2个衬砌段,形成铺挂段→检验段→二次衬砌施工段,流水作业。

3)防水板的挂前拼焊应符合下列规定:

(1)防水板的拼焊及铺挂应采用热合焊接热熔铺挂工艺,推荐采用超声波焊接作业工艺。应采用自动爬焊机双缝焊接,要求搭接宽度不小于100mm,双缝焊每条焊缝宽度不小于10mm,控制好热合机的温度和速度,保证焊缝质量。

(2)焊接前应将面板擦拭干净,并根据材质通过试验确定焊接温度和速度。焊接时应避免漏焊、虚焊、烤焦或焊穿。

(3)沿隧道纵向一次铺挂长度宜比本次二次衬砌施工长度多1.0m左右,以便与下一循环的防水层相接。可使防水层接缝与衬砌混凝土接缝错开1.0m左右,防止混凝土施工缝渗漏水。

4) 防水板铺挂应符合下列规定：

(1) 防水板应采用专用台车铺设，专用台车应与模板台车的行走轨道为同一轨道，台车应设有检查初期支护内轮廓的作业平台。推荐采用半自动防水板铺挂台车(附录A.6)。

(2) 为保证防水板铺挂质量，应先进行试铺定位。

(3) 拱部固定点间距0.5~0.7m，侧墙固定点间距0.7~1.0m，在凹凸处应适当增加固定点，布置均匀。

(4) 防水板吊环间距应根据铺挂松弛率要求确定，环向松弛率经验值一般取10%，纵向松弛率一般取6%。根据初期支护表面平整程度适当调整，使浇筑混凝土时板面与喷混凝土面能密贴(图8.3.2-3、图8.3.2-4)。

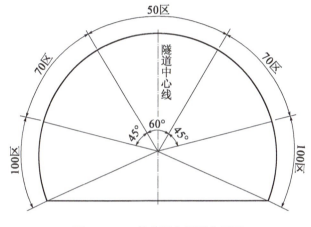

图8.3.2-3 垫片环向间距分区图　　图8.3.2-4 防水板铺设示例

(5) 推荐使用电磁焊枪无钉铺设。将防水板与热塑圆垫圈牢牢粘接。粘接时严格控制温度，防止过焊烧伤防水板。

5) 防水板的"铺后续接"应符合下列规定：

(1) 采用自动爬焊机焊接环向接缝，应将待焊的两块板面接头擦净、对齐，保证搭接长度，严格控制焊接温度、焊机行走速度，保持焊机与焊缝良好接触，做到行走平稳。

(2) 热合焊机焊完，应加强检查。对个别漏焊、破损补焊、设备洞连接焊、横洞连接焊等，宜手持焊枪焊接，焊缝宽度不小于20mm。

6) 防水板搭接应符合下列规定：

(1) 防水板的接头处不得有气泡、折皱及空隙，接头处应牢固。焊缝强度应不低于母材，通过抽样试验检测。防水板的搭接缝焊缝质量宜采用"充气法"检查，当压力达到0.25MPa时停止充气，保持压力15min，压力下降在10%以内则焊缝质量合格。

(2) 施工单位应配备检测工具，监理单位应加强焊缝质量的抽检，每2处搭接抽检1处。

7) 成品防护应符合下列规定：

(1) 当衬砌紧跟开挖时，衬砌前端的防水板应采取保护措施，防止爆破飞石砸破防水板。

(2) 开挖、挂防水板、衬砌平行作业时，应做好防水板铺挂成形地段防水板的保护。

(3)绑扎钢筋时,钢筋头应加装保护套。

(4)焊接钢筋时,在焊接作业与防水板之间增挂防护板。

(5)防水层安装后,不得在其上凿眼打孔。

(6)振捣混凝土时,振捣棒不得接触防水板。

8)监理单位应将防水层按隐蔽工程处理。台车就位前,应检查防水层铺设质量和焊接质量,并认真填写质量检查记录;如发现破损情况,应做好标记,并要求施工单位及时处理。防水板需要修补时,修补防水层的补丁不得过小,补丁应剪成圆角,不应有尖角。

3 施工缝的处置应符合下列规定:

1)混凝土应连续浇筑,尽量减少施工缝,拱圈及仰拱不应留纵向施工缝。墙体有预留孔洞时,施工缝距孔洞边缘不宜小于300mm。

2)水平施工缝:墙体水平施工缝不应设在剪力和弯矩最大处或铺底与边墙的交接处,宜设置在高出铺底面不小于300mm的墙体上。在浇筑混凝土前,应将水平施工缝表面清理干净。涂刷混凝土界面处理剂;或者先刷不低于结构混凝土强度等级的净浆,再铺25~30mm厚的1:1水泥砂浆,及时浇筑混凝土。

3)垂直施工缝:垂直施工缝的设置宜与变形缝的设置相结合。垂直施工缝施工时,应将其表面浮浆和杂物清除,刷不低于结构混凝土强度等级的净浆或涂混凝土界面处理剂,及时浇筑混凝土。端头模板应支撑牢固,严防漏浆。

4)应采取有效措施确保止水带位置准确,固定牢固。

5)在富水地段,仰拱施工缝宜增设衬砌中埋式止水带。

4 变形缝应满足密封防水、适应变形、施工方便、检修容易等要求,变形缝的施工应注意:

1)沉降变形缝的最大允许沉降差值应符合设计规定。设计无规定时,不应大于30mm。当计算沉降差值大于30mm时,应采取特殊措施。

2)沉降变形缝的宽度宜为20~30mm。伸缩变形缝的宽度宜小于此值。

3)变形缝处的混凝土结构厚度不应小于300mm。

4)缝底应设置与嵌缝材料无黏结力的背衬材料或背贴式橡胶止水带。

5)变形缝嵌缝施工时,缝内两侧应平整、清洁、无渗水;缝内应设置与嵌缝材料无黏结力的背衬材料,嵌缝应密实。

6)变形缝的设置位置应使拱圈、边墙和仰拱在同一里程上贯通。

5 止水带施工应符合下列规定:

1)止水带的长度应根据施工需要事先向生产厂家定制,尽量避免接头。如确需接头,应连接牢固,宜设置在距铺底面不小于300mm的边墙上。根据止水带材质和止水部位,可采用不同的接头方法。橡胶止水带的接头应采用热压硫化连接胶合。塑料止水带的接头应采用塑料焊接机进行焊接。止水带的搭接宽度不应小于100mm,冷粘或焊接的缝宽不应小于50mm。

2)止水带的接头不得设在结构转角处,并尽可能不设接头。

3）止水带埋设位置应准确，中线应与变形缝重合。止水带定位应牢固，防止止水带翻滚、扭结。在固定止水带和浇筑混凝土过程中应防止止水带偏移，防止单侧缩短，影响止水效果。

4）隧道断面变化处或转角处的阴角应抹成半径不小于50mm的圆弧，以便止水带施工。在隧道断面变化处或转角处，止水带应做成弧形，橡胶止水带的转角半径不应小于200mm，钢片止水带的转角半径不应小于300mm，且转角半径应随止水带的宽度增大而相应加大。

5）不得在止水带上穿孔打洞固定止水带。在固定止水带和浇筑混凝土过程中应注意保护止水带不被钉子、钢筋和石子等刺破。如果发现刺破、割裂现象，应及时修补。

6）宜加强混凝土振捣控制，排除止水带底部气泡和空隙，使止水带和混凝土紧密结合。应注意防止振捣造成止水带偏位或破损。

7）先施工一侧混凝土应采用定型端头模固定止水带。模板台车端头宜配备组合式钢模（附录A.3）加固止水带。组合式钢模由2块钢模板组成，一块固定于模板台车上，另一块通过铰接与之连接。止水带直接固定于模板内，提高止水带安装的质量。

8）背贴式止水带施工前，应在防水板上准确画出施工缝位置。止水带与防水板应焊接密实，中线应与施工缝重合。

6 隧道仰拱、铺底应按设计要求设置纵、横向排水盲沟，排除路面下积水，避免路面底部出现渗水。地下水丰富时应适当加密或加大排水盲沟尺寸（可采用ϕ110mm HDPE硬式透水管）。基层施工前，宜采用切槽方式布设排水盲沟及回填碎石。浇筑基层混凝土时，槽顶应采取隔离措施。应注意排水盲沟坡度及出水口高度，确保排水顺畅。

9 二次衬砌

9.1 一般规定

9.1.1 为保证衬砌工程质量,隧道一般地段(含洞身、明洞、加宽段)的二次衬砌施工应采用全断面模板台车和泵送作业,宜采用分层逐窗浇筑系统(附录 A.4)。

9.1.2 隧道二次衬砌台车应执行准入制度,按本指南第 2.4 节的有关规定进行审批验收。

9.1.3 隧道洞口及洞内软岩段二次衬砌应尽早施工。

9.1.4 二次衬砌施工前应按要求对初期支护断面进行测量,对不符合要求的应进行处理。

9.1.5 围岩较差地段的衬砌应向围岩较好地段延伸,延伸长度一般为 5～10m。

9.1.6 隧道防排水设施、预埋件及预留洞室模板等的安装质量应符合设计要求及国家和行业现行有关标准的规定,不得随意改动预留预埋洞室位置及大小。

9.1.7 建设单位应委托第三方检测单位对二次衬砌钢筋、保护层厚度、空洞情况进行检测。对检查不合格的项目,施工单位应进行整改处理。

9.1.8 为确保衬砌不侵入隧道建筑限界,在放样时可将设计的轮廓线适当予以扩大。

9.1.9 对已完成的衬砌地段,应继续观察二次衬砌的稳定性,注意变形、开裂、侵入净空等现象,及时记录,核查产生原因,落实整治措施。

9.2 衬砌模板台车

9.2.1 一般要求

1 二次衬砌施工(含加宽段)应采用全液压自动行走的整体衬砌台车(含分层逐窗浇筑系统及预埋注浆管)。衬砌台车应结构尺寸准确,各种伸缩构件、液压系统、电气控制系统运行良好,各支撑结构设置合理;应满足自动行走要求,并有闭锁装置,保证定位准确。

2 连拱隧道、小净距隧道一端左、右线同时开挖施工时,宜有两部二次衬砌台车,确保二次衬砌合理步距,保证结构安全。加宽段处应专门配备加宽段整体衬砌台车,以确保加宽段二次衬砌及时施作。

3 台车整体模板板块由面板、支撑骨架、铰接接头、作业窗等组成。当衬砌断面较大、所承受荷载较大时,支撑骨架应制成桁架结构,并尽量减少板块接缝数量。模板及支架应具有足够的强度、刚度、稳定性,能安全承受所浇筑混凝土的重力、侧压力以及在施工中可能产生的各项荷载。模板应不凹凸、支架不偏移、不扭曲,应多次重复使用不变形。台车设计应便于整体移动、准确就位。

4 台车模板支撑桁架门下净空应满足隧道衬砌前方施工所需大型设备通行要求;桁架各层平台的高度应满足施工要求,应有上下行的爬梯(图9.2.1-1)。

图9.2.1-1 台车爬梯示例图

5 为保证衬砌净空,模板外径应适当扩大。

6 台车面板宜采用不锈钢模板,两车道二次衬砌台车面板钢板厚度应不小于10mm;三车道隧道二次衬砌台车面板钢板厚度应不小于12mm;四车道的二次衬砌台车应经过计算,邀请有关专家研究审查后定制。为减少二次衬砌模板间痕迹,外弧模板每块钢板宽度宜采用2m,但不应小于1.5m,板间接缝按齿口搭接或焊接打磨。

7 为确保二次衬砌台车具有一定的刚度和强度,推荐两车道台车每延米质量不低于6.8t,三车道台车每延米质量不低于8.5t。

8 应在环向3m、5.3m、拱顶处设置作业窗,作业窗口纵向间距不宜大于2.5m,与端头模板距离不宜大于1.8m,横向不宜大于2m,窗口尺寸宜为50cm×50cm,且应整齐划一。作业窗周边应加强,防止周边变形。窗门应平整、严密、不漏浆。

9 二次衬砌台车的长度应根据隧道的平面曲线半径、纵坡合理选择,长度一般为10~12m,曲线半径小于1200m的隧道台车长度不应大于9m。

10 衬砌台车应工厂制造、现场拼装。现场拼装时应检查其中线、断面和净空尺寸等。衬砌前应对模板表面进行彻底打磨,清除锈斑,涂油防锈;应对模板板块拼缝进行焊联并将焊缝打磨平整,抑制使用过程中模板翘曲变形,避免板块间拼缝处错台。

11 对已使用过的二次衬砌台车,应对各种伸缩构件、液压系统、电气控制系统运行状况进行严格的调试,确保使用状态良好,否则应予更换。应更换新的外弧模板,并经专业模板厂家整修合格。

12 矮边墙应与二次衬砌同时浇筑,以提高二次衬砌整体质量。整体浇筑时二次衬砌台车下应挂设可收放的矮边墙钢模板(图9.2.1-2)。

图9.2.1-2 矮边墙钢模板示例图

9.2.2 拼装调试

1 二次衬砌台车现场拼装完成后,应在轨道上往返行走3~5次后再次紧固螺栓,并对部分连接部位加强焊接以提高其整体性。

2 台车模板尺寸应准确,其两端的结构尺寸相对偏差宜不大于3mm,否则应进行整修。

3 挡头模板刚度应满足设计要求,厚度应适当加厚,安装应稳固、严密。

4 施工过程中如果出现二次衬砌错台,应暂停二次衬砌施工,全面查找原因,重点查找台车就位加固措施是否有效、混凝土输送管是否固定、挡头模板或两边模板是否变形等。应及时整修加固,经监理工程师同意后方可继续二次衬砌施工。

5 主洞衬砌每施作200m,台车应全面校验一次。车行及人行横洞模板台车应在单个横洞衬砌完成后校核一次,检测台车面板平整度、台车整体刚度及扭曲程度、液压系统稳定性,确保台车高质、安全、可靠。

9.2.3 审批验收

台车审批验收应符合本指南第2.4节的有关规定,宜满足表9.2.3的推荐指标。

衬砌台车推荐指标 表9.2.3

内　　容	要　　求
衬砌台车长度	一般为10~12m;半径小于1200m的隧道,二次衬砌台车长度不大于9m
模板外观尺寸	满足设计要求
两端的结构尺寸相对偏差	不大于3mm
梁体模板厚度	两车道不小于10mm,三车道不小于12mm
每块模板宽度	不小于1.5m,推荐为2m
模板平整度	不大于3mm
每延米台车质量(含矮边墙钢模板)	两车道不小于6.8t,三车道不小于8.5t
行走机构	行动自如、制动良好,带有液压推杆制动器
台车架、液压、支撑系统	足够的刚度和强度;液压缸采用液压锁锁定,同时采用支承丝杠进行机械锁定
工作窗口	布局合理,封闭平整

9.3 施工要点

9.3.1 二次衬砌钢筋

1 二次衬砌钢筋应集中加工、统一配送。

2 钢筋安装应符合下列规定：

1）横向钢筋与纵向钢筋的每个节点均应绑扎或焊接；拱顶预留一定沉降值。

2）钢筋焊接搭接长度应满足设计要求及国家和行业现行有关标准的规定，受力主筋的搭接应采用焊接，焊接搭接长度及焊缝应符合国家和行业现行有关标准的规定。

3）相邻主筋搭接位置应错开，错开距离不应小于1000mm。

4）同一受力钢筋的两个搭接距离不应小于1500mm。

5）箍筋连接点应在纵横向筋的交叉连接处，应进行绑扎或焊接。

6）钢筋的其他连接方式应符合国家和行业现行有关标准的规定。

7）安装钢筋时，钢筋长度、间距、位置、保护层厚度应满足设计要求。

3 制作钢筋时应按设计轮廓进行大样定位。

4 为确保二次衬砌钢筋定位准确、钢筋保护层厚度符合要求，应采取下列措施：

1）先由测量人员用坐标放样，在调平层及拱顶防水层上定出自制台车范围内前后两根钢筋的中心点，确定法线方向，确保定位钢筋的垂直度及与仰拱预留钢筋连接的准确度。钢筋绑扎的垂直度采用三点吊垂球的方法确定。

2）用水准仪测量调平层上定位钢筋中心点高程，推算出该里程处圆心与调平层上中心点的高差，采用自制三脚架定出圆心位置。

3）圆心确定后，采用尺量的方法检验定位钢筋的尺寸是否满足设计要求，对不满足要求的位置重新进行调整，全部符合要求后固定钢筋。钢筋固定采用自制台车。二次衬砌钢筋间距由定位角钢控制。

4）在定位钢筋上标出纵向分布筋安装位置，然后绑扎此段范围内钢筋。各钢筋交叉处均应绑扎。

5）主筋纵向间距、分布筋环向间距、内外层横向间距、保护层厚度应符合设计要求。钢筋保护层应全部采用高强砂浆垫块控制，每平方米不少于4块，不得使用塑料垫块。

6）钢筋主筋定位采用带有卡槽的30mm×30mm等边角钢，纵向长度为一次模筑混凝土长度，环向设置在拱顶、拱腰、拱脚及仰拱处，内外层钢筋采用相同定位卡槽布置。

5 边墙及仰拱预留的二次衬砌钢筋应加塑料套管，以减少污染。

9.3.2 边墙基础施工

1 边墙基础（包括电缆沟和侧埋式排水沟基础）应超前于铺底施工，施工前应清除积水、杂物、虚渣和喷射混凝土回弹物。

2 应按照设计间距和实际地下水情况预埋横向排水管。

3 边墙基础混凝土应立模板浇筑，采用与拱墙同强度等级的混凝土，施工过程中应严格控制混凝土浇筑质量。

4　基础顶面高程应按照电缆沟沟底顶面和台车侧模底部高程放样。

5　施作边墙基础时应注意预埋电缆沟侧壁钢筋。

6　边墙基础顶面设置的纵向排水管应避免侵入二次衬砌空间。

7　矮边墙应与二次衬砌同步浇筑。

9.3.3　预留洞室和预埋件

1　预留洞室应避开衬砌结构变形缝和施工缝布置，避开距离不宜小于1.5m。

2　精确测量放样后，在钢筋混凝土衬砌地段，预留洞室模板及预埋件宜固定在钢筋骨架上。在无钢筋混凝土衬砌地段，宜采用钢筋焊接形成骨架支撑体固定，钢筋自由端头宜采用防水板包裹处理。

3　预留洞室模板宜采用钢模，避免模板变形造成洞室尺寸偏差。预留洞室应做好防水设计，洞室内应不渗不漏。承托上部混凝土重量时应加强支撑，确保混凝土成型质量合格。预埋管质量应满足设计要求及国家和行业现行有关标准的规定。

4　对设计有二次衬砌钢筋的段落，预埋的接地扁铁应与钢筋焊接；对设计无衬砌钢筋的段落，应尽量与锚杆头焊接，接地电阻应满足设计要求。

9.3.4　台车就位

1　台车模板就位前应仔细检查防水板、排水盲管、衬砌钢筋、预埋件等隐蔽工程并做好记录。台车就位后应检查其中线、高程及断面尺寸等并做好记录。

2　台车模板定位宜采用五点定位法，即：以衬砌圆心为原点建立平面坐标系，通过控制顶模中心点、顶模与侧模的铰接点、侧模的底脚点来精确控制台车就位。曲线隧道应考虑内外弧长差引起的左右侧搭接长度的变化，以使弧线圆顺，减少接缝错台。

3　台车模板应与混凝土有适当的搭接（曲线地段内侧应不小于10cm）。台车就位后应检查各节点连接是否牢固、有无错动移位情况、模板是否翘曲或扭动，位置是否准确等。为避免在浇筑边墙混凝土时台车上浮，应在台车顶部加设木撑或千斤顶，同时检查工作窗状况是否良好。

4　衬砌台车应由经过培训的台车司机专人操作，对控制面板、油路、顶缸等重点部件应加强管理维修。

5　风水电管路通过衬砌台车时，应按规范处理，布置整齐。照明应满足混凝土捣固等操作需要。管线台车施工区域内的临时改移，应加强洞内外的联系，班组间密切配合，提高操作人员安全教育，设专人巡查，严防触电及管路伤人事故。

6　台车作业地段进行吊装作业时，应有专人监护，统一指挥，并设标志，不得通行。

9.3.5　挡头模板、止水带安装

1　台车端部的挡头模板应按衬砌断面制作定型模板以保证设计衬砌厚度，可适当调整以适应其不规则性。单片宽度不宜小于300mm，厚度宜不小于30mm。

2　挡头模板结构应能保证衬砌环接缝衔接，以保证接头处质量，增强其止水功能。

3　挡头板应定位准确、安装牢固，其与岩壁间隙应嵌堵紧密。

4 挡头板顶部应留有观察小窗口,以观察封顶混凝土情况。

5 止水带等安装应符合本指南第8章的有关规定。

9.3.6 配合比设计

1 各种原材料及外加剂应符合国家和行业现行有关标准的规定,满足设计强度要求。

2 应满足流动性好、坍落度衰减慢、初凝时间相对较长、终凝时间相对较短等要求,以满足泵送施工要求,减少裂纹出现。

3 应干缩性小,应满足抗渗性要求。

4 应水化热低且水化热高峰值发生在混凝土达到一定强度之后,应能承受由于水化热产生的温度应力。

5 混凝土应有早强性能,以利于模板早拆,满足衬砌快速施工需要。

6 配合比应根据原材料质量及设计混凝土所要求的强度、耐久性、抗渗指标、施工和易性、凝固时间、运输灌注和环境温度条件通过试配确定,推荐采用"双掺"技术。

7 混凝土坍落度一般应控制在13~18cm,墙部位坍落度宜小,拱部混凝土坍落度宜大。在保证混凝土可泵性的情况下,宜尽量减小混凝土的坍落度,并提高混凝土的和易性、保水性,避免混凝土泌水。

8 配合比设计时应采取措施减少拱腰及下部混凝土气泡、麻面等质量通病。

9.3.7 混凝土施工

1 二次衬砌混凝土灌注前应重点检查:

1)复查台车模板及中心高是否符合要求,仓内尺寸是否符合要求。

2)台车及挡头模安装定位是否牢靠。

3)衬砌钢筋、防水板、排水盲管、止水带等安装是否符合设计要求及国家和行业现行有关标准的规定。

4)模板接缝是否填塞紧密。

5)脱模剂是否涂刷均匀。

6)基仓清理是否干净,施工缝是否已处理。

7)预埋件、预留洞室等位置是否符合要求。

8)输送泵接头是否密闭,机械运转是否正常。

9)输送管道布置是否合理,接头是否可靠。

2 混凝土浇筑应采用泵送浇筑工艺,机械振捣密实。

1)混凝土拌制前,应测定砂石含水率并根据测试结果调整材料用量,提出施工配合比。拌制混凝土时,水泥质量偏差不得超过±1%,集料质量偏差不得超过±2%,水及外加剂质量偏差不得超过±1%。

2)混凝土浇筑前,应将基底石渣、污物和基坑内积水排除干净,不得向有积水的基坑内倾倒混凝土。

3)泵送混凝土前应采用按设计配合比拌制的水泥浆或按集料减半配制的混凝土润滑管道。

4）混凝土应采用混凝土搅拌运输车运输,确保在运送过程中不离析、撒落或混入杂物。

5）混凝土应由下至上分层、左右交替、从两侧向拱顶对称灌注。每层浇筑高度、次序、方向应根据搅拌能力、运输距离、浇筑速度、洞内气温和振捣等因素确定。为防止浇筑时两侧侧压力偏差过大造成台车移位,两侧混凝土灌注面高差宜控制在50cm以内,同时应合理控制混凝土浇筑速度。

6）浇筑混凝土应尽可能直接入仓。混凝土输送管端部应接管,控制管口与浇筑面的垂距,混凝土不得直冲防水板板面流至浇筑位置,垂距应控制在2m以内,以防混凝土离析。

7）施工过程中,输送泵应连续运转,泵送应连续浇筑,避免停歇造成"冷缝"。如果因故中断,其中断时间应小于前层混凝土的初凝时间或能重塑时间;当超过允许时间时,应按施工缝处理。应在初凝以前将接缝处的混凝土振实,并使缝面具有合理、均匀稳定的坡度。未振实又超过水泥初凝时间的混凝土,应予清除。

8）当混凝土浇至作业窗下20cm,应关闭作业窗。关闭作业窗前,应将窗口附近的浆液残渣及其他杂物清理干净,涂刷脱模剂,防止窗口部位混凝土表面出现凹凸不平的补丁和漏浆。

9）隧道衬砌起拱线以下的反弧部位是混凝土浇筑作业的难点部位,应对混凝土性能、坍落度及捣固方法进行有效控制,以减少反弧段气泡,有效改善衬砌混凝土表面质量。

10）混凝土的入模温度,在冬季施工时不应低于5℃,夏季施工时不应高于32℃。

11）混凝土应采用振动器振捣密实,并应采取可靠的措施确保混凝土密实。振捣时,不得使模板、钢筋、防排水设施、预埋件等移位。

12）应采用顶模中心封顶器接输送管,逐渐压注混凝土进行封顶,直至挡头板上观察孔有浆溢出。

13）浇筑拱部混凝土衬砌时,应在拱顶预留注浆孔,推荐采用拱顶带模注浆工艺（附录A.5）,注浆孔间距应不大于3m,且每组模板台车范围内的预留孔应不少于4个。

14）每次混凝土浇筑完成后,应及时清理场地的废弃混凝土及垃圾,保持施工现场整洁。

9.3.8 拆模

1 应采用最后一盘封顶混凝土试件达到的强度进行控制。

2 不承受外荷载的拱、墙混凝土,应在强度达到5MPa或拆模时混凝土表面和棱角不被损坏并能承受自重时拆模。

3 如果衬砌施作时间提前,拱、墙承受围岩压力及封顶和封口的混凝土强度应满足设计要求。一般应在混凝土强度达到设计强度70%以上或8MPa以后方可拆模。

4 围岩和初期支护未稳定、或在塌方、洞口地段浇筑的衬砌混凝土,应在达到设计强度后拆模。

9.3.9 养生

1 养生时间应满足下列要求:洞口100m不少于14d,洞身不少于7d,已贯通的隧道二次衬砌不少于14d。

2 二次衬砌混凝土拆模后,应采用喷管喷淋混凝土表面,以降低水化热。后续应在边墙位置喷上混凝土浇筑日期标识,并配备与衬砌台车共用钢轨行走的自动感应行走养护台车(架)进行养生,以提高混凝土质量。

9.3.10 缺陷处理

1 拆模后,如果发现缺陷,不得擅自修补,应经监理工程师批准后方可处理。

2 对于气泡,宜采用白水泥和普通水泥按衬砌表面颜色对比试验确定的比例掺拌后,局部填补抹平。

3 对于环接缝处理,宜采用弧度尺画线,切割机切缝,缝深约2cm,不整齐处进行局部修凿或经砂轮机打磨后,用高强度等级水泥砂浆修饰,用钢锒刀抹平,使施工缝圆顺整齐。

4 对于表面颜色不一致的,宜采用砂纸反复擦拭数次。

5 预留洞室周边应先行清理干净,然后喷水湿润,采用高强度等级、与二次衬砌颜色统一的砂浆,抹平压光。

9.3.11 紧急停车带、车行横洞及人行横洞

1 紧急停车带应符合下列规定:

1)对紧急停车带及其前后10m范围内路段的开挖及衬砌支护,应制订专门的施工方法和程序。

2)紧急停车带应布置在同一级别围岩地层中。开挖过程中,发现不在同一级别围岩地层中时,应上报处理。

3)紧急停车带衬砌两端与洞身衬砌应以喇叭口形式连接,圆顺平整。

2 车行、人行横洞应符合下列规定:

1)应按图纸位置与正洞同时进行开挖与衬砌。

2)对车行横洞、人行横洞等横通道,宜采用移动式模架和拼装模板施工。边墙基础应与边墙一次浇筑完成,分次浇筑时应处理好接缝。

(1)拱、墙模板拱架的间距应根据衬砌地段的围岩情况、隧道宽度、衬砌厚度及模板长度确定。

(2)架设拱、墙支架和安装模板时,应位置准确,连接牢固,严防移位。围岩压力较大时,拱架、墙架应增设支撑或缩小间距。

(3)重复使用移动式模架或拼装模板时,应注意检查,如果有变形应及时修整。

(4)在拱架外缘应采用沿径向支撑与围岩顶紧,防止混凝土浇筑时拱架变形、移位。拱架、支架应于隧道中线垂直方向架设。拱架的螺栓、拉杆、斜撑等应安装齐全。拱架(包括模板)高程应预留沉落量。施工中应随时测量、调整。

3)交叉段衬砌混凝土应连续浇筑,不得中断。交叉段的钢筋应相互连接良好,绑扎牢固,成为整体。

9.4 二次衬砌距掌子面距离

9.4.1 洞口浅埋偏压(Ⅳ、Ⅴ级围岩加强断面地段)以及软弱、破碎围岩段,应随开挖及时施作仰拱,尽快使初期支护封闭并及时施工二次衬砌。

9.4.2 二次衬砌距掌子面距离应符合下列规定：
1　Ⅳ级围岩，二次衬砌距掌子面的距离不得大于90m。
2　Ⅴ级围岩，二次衬砌距掌子面的距离不得大于70m。
3　其他地段，应待初期支护位移和变形稳定后进行二次衬砌施工。

9.5 质量要求

9.5.1　外观质量应符合下列规定：
1　外观应达到"六无"要求（无错台、无漏浆、无冷缝、无气泡、无色差、无渗漏）。
2　结构轮廓线条顺直美观，无跑模、露筋现象，混凝土颜色均匀一致。
3　施工缝平顺，节段接缝处错台小于10mm，表面无渗水印迹。
4　混凝土表面密实，每延米的隧道面积中，蜂窝麻面和气泡面积不超过0.5%，深度不超过10mm，且单个蜂窝面积不大于$0.02m^2$。
5　混凝土无因施工养护不当产生裂缝。

9.5.2　监理单位应加强对二次衬砌施工工序、二次衬砌钢筋、保护层厚度、混凝土强度、平整度以及外观质量的验收。建设单位应委托第三方检测单位采用地质雷达对二次衬砌混凝土厚度、背后空洞情况等进行检测。对检查不合格的项目，施工单位应进行整改。

9.5.3　预留洞室尺寸应符合设计要求，棱角整齐，外观质量好。

9.5.4　拱顶预留接线盒的位置应准确，预埋线管应安放在两层钢筋的中间，其平面线形应与隧道线形一致。

10 改(扩)建工程

10.1 一般规定

10.1.1 隧道改(扩)建工程施工前,施工单位应根据设计文件、隧道改建、扩建、增建隧道施工特点,结合现场实际情况,调查、核实下列内容:
1 既有隧道的设计、施工、养护、维修和运营情况。
2 隧址区的工程地质、水文地质。
3 工程影响范围内其他建(构)筑物和设施的现状。

10.1.2 隧道改(扩)建工程施工前,施工单位应依据交通运输部《关于开展公路桥梁和隧道工程施工安全风险评估试行工作的通知》(交质监发〔2011〕217号)的要求,进行施工安全风险评估。

10.1.3 隧道改(扩)建工程施工前,施工单位应依据现行《公路工程施工安全技术规范》(JTG F90)和《广东省高速公路工程施工安全标准化指南》的有关要求,对危险性较大的工程编制专项施工方案,必要时组织专家进行论证、审查。

10.1.4 隧道改(扩)建工程施工时,施工单位应采取措施减小施工对既有建(构)筑物和设施的影响,必要时应采取保护、加固、改移等措施。工程施工影响范围内,不得进行采矿、采石、取土、倾倒废弃物、深孔爆破等危及隧道施工安全的活动。

10.1.5 隧道改(扩)建施工前,施工单位应对工程影响范围内的既有隧道及其他建(构)筑物制订监测计划,并报监理单位审批和建设单位备案。采用监控、专项监测、人员值守等方法,及时掌握既有公路隧道相关信息,对异常信息应及时研判并采取必要的应急措施。

10.1.6 改(扩)建施工应在充分掌握既有道路技术等级、交通组成、交通流特性的基础上,结合隧道改(扩)建方案,制订交通组织方案。利用既有道路作为施工或材料运输通道的,应加强交通安全组织,避免影响既有道路运营。

10.1.7 隧道改(扩)建施工产生的废弃物应按照相关环保、水保与安全要求进行处理。

10.2 既有隧道改建施工

10.2.1 隧道改建施工时,宜进行部分车道封闭作业,并做好交通组织疏导与安全防护。隧道部分车道封闭作业时,应制订专项施工方案。

10.2.2 隧道改建施工应保持既有隧道主体结构的完整性,不应堵塞、破坏既有隧道的排水系统。机电和附属设施等改建应按照设计要求,做好保护与恢复。

10.2.3 隧道病害影响大、改建措施复杂时,如果必须全封闭施工,应制订快速可靠的施工组织方案。应按设计要求对既有隧道病害进行处治和加固,还应符合下列规定:

1 加固施工前,应对既有隧道技术状况进行现场调查,对设计图纸进行复核,并编制合理的施工方案。

2 衬砌加固施工前应对衬砌基面剥落、疏松、蜂窝、腐蚀等进行处理。

3 注浆加固施工适用于围岩松弛、衬砌背后空洞等段落,注浆材料配合比宜现场试验后确定。富水段宜先设置泄水孔引排,再进行注浆施工。

4 换拱加固施工应根据地质条件、结构状况等确定换拱施工方案。施工中应尽量减小对原衬砌及围岩的扰动。

5 隧底加固施工前应设置锁脚锚杆(管)、横撑等防护措施稳定墙角,保护衬砌结构的安全。应根据现场情况,优先恢复主体结构,再施工排水沟、盲沟等排水工程,最后施工仰拱填充及路面结构层。

6 洞口工程加固施工宜避开雨季,洞口段结构物拆除应采用机械或静态爆破等方式进行。施工过程中应加强洞口边、仰坡监控量测,确保洞口稳定。

7 在进行隧道加固前,应根据隧址区的工程地质与水文地质情况,配备规格合适、数量足够的抽排水设备。

10.2.4 增加附属设施必须新开凿设备洞室时,应掌握洞室位置地质情况,避开施工缝、沉降缝和伸缩缝位置;应采用切割凿洞方式,不得进行爆破开孔。

10.2.5 施工期间保持通车的既有隧道,应设置必要的临时安全防护措施和增设交通疏导设施。宜选择在交通量较小时段进行施工,以减少占道对行车的影响。

10.2.6 隧道改建施工过程中,应严格控制并及时排出污水、废气,对电焊、敲击等强光照、高噪声的作业应进行阻隔。

10.2.7 隧道改建施工时应加强新旧混凝土间的黏结与防水处理。更换机电设备时应检查既有预埋件的耐久性状况,必要时重新施作预埋件。

10.2.8 隧道改建设施应满足不侵入隧道建筑限界的要求。

10.3 既有隧道原位扩建施工

10.3.1 应根据既有隧道的结构形式、结构状况、围岩条件及地质情况等制订衬砌结构的拆除与扩挖施工实施方案。

10.3.2 隧道二次衬砌应分段拆除,每次拆除分段长度宜为 2～8m,并且不得大于原衬砌一模衬砌长度,不得跨施工缝、变形缝一次拆除。

10.3.3 隧道拆除应先拆除二次衬砌、后拆除初期支护。

10.3.4 初期支护拆除和扩挖可同步进行,初期支护拆除的分段长度应根据围岩地质条件确定,扩挖后应立即进行新的初期支护施工。扩挖应严格按照设计要求施工,应减少超挖,控制欠挖、大进尺。扩挖时应对扩挖段邻近衬砌进行有效支撑,如回填洞渣、增加钢支撑等,同时应根据围岩情况加强超前支护措施,确保施工安全。

10.3.5 采用爆破拆除和扩挖时,应先进行钻爆设计,根据实际爆破效果及时对爆破设计参数进行调整,严格控制单段最大爆破药量。二次衬砌爆破拆除时,应在对二次衬砌进行分段切割分离后拆除。

10.3.6 围岩较差、原坍塌地段拆除时,二次衬砌一次拆除长度不宜大于3m。施工过程中应加强监控量测。初期支护和围岩应先加固后拆除,必要时可采取超前支护措施。二次衬砌有较严重的病害时,衬砌拆除前方应增加临时支撑。

10.3.7 拆除前方应保持对外通道畅通。

10.3.8 扩挖后的二次衬砌应及早施作。

10.4 增建隧道施工

10.4.1 增建隧道施工过程中,应从爆破振动、结构变形等方面进行控制,采取措施减少对相邻既有隧道的影响。同时,增建隧道施工期间应加强既有隧道洞内监测及巡查。

10.4.2 应根据围岩扰动影响与爆破振速控制的设计要求,确定增建隧道施工方法、循环进尺及爆破参数等。当增建隧道与既有隧道互为小净距或较小净距隧道时,增建隧道施工期间应加强既有隧道洞内监测,必要时选择夜间车流较小时开挖施工。

10.4.3 应对相邻既有隧道衬砌裂缝、附属设施松动等隐患进行排查,对影响围岩稳定和衬砌安全的病害地段应先进行加固处治。施工期间应加强对既有隧道的监测,确保安全。

10.4.4 增建隧道和既有隧道之间新建横通道时,应从既有隧道端横向开洞施工,宜在增建和既有隧道之间合适位置贯通,不得从既有隧道端直接出洞。

10.4.5 增建隧道施工期间保持通车的既有隧道,应采取安全防护措施。不得利用既有隧道进行施工通风。

10.5 施工交通组织及警示

10.5.1 隧道改(扩)建工程交通组织可参照广东省高速公路改(扩)建期间交通组织

技术及管理的有关要求执行。

10.5.2 施工单位应根据隧道改(扩)建方案和交通管理部门的要求,在施工影响区域设置交通警示和疏导标志,提前利用标志或可变信息标志等进行施工作业提示,并应制订施工影响区段保持交通畅通的应急预案。

10.5.3 施工单位应定期检查和维护交通警示和疏导标志,保证布设规范、有效。

11 监控量测

11.1 一般规定

11.1.1 监控量测是保障隧道施工安全的一个重要手段,并为调整围岩级别、变更设计方案及参数、优化施工方案及施工工艺、指导二次衬砌合理施作时间提供科学依据。监控量测应贯穿隧道施工全过程,应纳入施工工序管理。监控量测应达到下列目的:

1 掌握围岩和支护动态,及时反馈信息,指导施工作业。
2 掌握围岩和支护的变形、应力量测信息,为修改设计提供依据。

11.1.2 隧道开工前,应根据设计要求,并结合隧道规模、地形地质条件、施工方法、支护类型和参数、工期安排以及量测目的等制订施工全过程量测方案。编制内容应包括量测项目、量测仪器选择、测点布置、量测频率、数据处理、反馈方法、组织机构、管理体系等。量测计划应与施工进度计划相适应。

11.1.3 监控量测工作应结合开挖、支护作业的进程,按要求布点和监测,并根据现场实际情况及时调整补充。应对量测数据及时进行分析、处理和反馈。

11.1.4 建设、设计、监理、施工及监测单位应紧密配合,为量测作业创造条件,避免因抢工程进度而忽视量测工作。各方应共同研究、分析各项量测信息,确认或修正设计参数或施工方法。

11.1.5 施工单位应具有实施监控量测的工作能力,对地质条件和周边环境复杂的隧道、长大隧道可委托有经验的专业化队伍实施监控量测。执行第三方监测的隧道不能免除现行《公路隧道施工技术规范》(JTG F60)所规定的施工单位应承担的责任。

11.1.6 现场量测仪器应根据量测项目及测试精度选用。宜选择简单适用、稳定可靠、操作方便、量程合理、便于进行结果处理和分析的测试仪器,推荐采用自动化实时监测或三维激光扫描技术。

11.1.7 周边位移、拱顶下沉、地表下沉和拱脚下沉等必测项目宜布置在同一断面,其量测断面间距及测点数量应根据隧道埋深、围岩级别、断面大小、开挖方法、支护形式等确定。隧道开挖后应及时进行围岩、初期支护的周边位移及拱顶下沉量测。洞口段、浅埋段、地表有建(构)筑物或有特殊要求的,应进行地表下沉量测。富水软弱破碎围岩、流沙、软岩大变形、含膨胀岩土等不良地质和特殊性岩土段,应进行拱脚下沉监测。

11.1.8 当围岩条件差、断面大或地表沉降控制要求高时,可进行围岩内部位移量测和其他量测。可根据设计要求、工程需要进行隧道受力监测,主要可包括锚杆轴力、钢架内力、接触压力、衬砌内力和孔隙水压力等内容。

11.1.9 各项量测作业均应持续至量测断面开挖支护全部结束,临时支护拆除完成,且变形基本稳定后 15~20d。

11.1.10 测点应牢固、可靠、易于识别,应能真实反映围岩、支护的动态变化信息。应对测点进行妥善保护,不得任意撤换或破坏。施工过程中应做好仪器的日常维护工作,保证性能良好。量测人员进洞应满足隧道洞内作业施工安全要求。

11.1.11 隧道监控量测应建立监控量测预警机制。

11.1.12 现场照明、通风等作业条件良好,满足正常量测作业需要。

11.2 量测项目

11.2.1 隧道施工时应进行必测项目的量测,必测项目见表 11.2.1。各测点宜在靠近掌子面、不受爆破影响范围内尽快安设。初读数应在每次开挖后 12h 内、下一循环开挖前取得,最迟不得超过 24h。

隧道现场监控量测必测项目　　　　　表 11.2.1

序号	项目名称	方法和工具	布置	测试精度	量测频率		
					1~15d	16d~1个月	1~3个月	>3个月
1	洞内外观察	现场观测、地质罗盘等	开挖及初期支护后进行	—			
2	周边位移	各种类型收敛计、全站仪	每 5~50m 一个断面,每断面 2~3 对测点	0.05mm(预留变形量不大于30mm时)	1~2次/d	1次/2d	1~2次/周	1~3次/月
3	拱顶下沉	水准仪、钢尺、全站仪等	每 5~50m 一个断面	0.1mm(预留变形量大于30mm时)	1~2次/d	1次/2d	1~2次/周	1~3次/月
4	地表下沉	水准仪、钢尺、全站仪等	洞口段、浅埋段($h\leq2.5b$),布置不少于 2 个断面,每断面不少于 3 个测点	0.5mm	开挖面距量测断面前后 <2.5b 时,1~2 次/d; 开挖面距量测断面前后 <5b 时,1 次/(2~3d); 开挖面距量测断面前后 ≥5b 时,1 次/(3~7d)			

续上表

序号	项目名称	方法和工具	布置	测试精度	量测频率			
					1~15d	16d~1个月	1~3个月	>3个月
5	拱脚下沉	水准仪、钢尺、全站仪等	富水软弱破碎围岩、流沙、软岩大变形、含水黄土、膨胀岩土等不良地质和特殊性岩土段	0.5mm	仰拱施工前,1~2次/d			

注:b代表隧道开挖宽度;h代表隧道埋深。

11.2.2 应根据设计要求、隧道横断面形状、断面大小、埋深、围岩条件、周边环境条件、支护类型和参数、施工方法等综合选择选测项目,选测项目见表11.2.2。选测项目测点埋设时间应根据实际需要确定。

隧道现场监控量测选测项目　　　　　　　　　表11.2.2

序号	项目名称	方法和工具	布置	测试精度	量测频率			
					1~15d	16d~1个月	1~3个月	>3个月
1	钢架内力及外力	支柱压力计或其他测力计	每代表性地段1~2个断面,每断面钢支撑内力3~7个测点,或外力1对测力计	0.1MPa	1~2次/d	1次/2d	1~2次/周	1~3次/月
2	围岩内部位移(洞内设点)	洞内钻孔中安设单点、多点杆式或钢丝式位移计	每代表性地段1~2个断面,每断面3~7个钻孔	0.1mm	1~2次/d	1次/2d	1~2次/周	1~3次/月
3	围岩内部位移(地表设点)	地面钻孔中安设各类位移计	每代表性地段1~2个断面,每断面3~5个钻孔	0.1mm	开挖面距量测断面前后<2.5b时,1~2次/d;开挖面距量测断面前后<5b时,1次/(2~3d);开挖面距量测断面前后≥5b时,1次/(3~7d)			
4	围岩压力	各种类型岩土压力盒	每代表性地段1~2个断面,每断面3~7个测点	0.01MPa	1~2次/d	1次/2d	1~2次/周	1~3次/月
5	两层支护间压力	压力盒	每代表性地段1~2个断面,每断面3~7个测点	0.01MPa	1~2次/d	1次/2d	1~2次/周	1~3次/月
6	锚杆轴力	钢筋计、锚杆测力计	每代表性地段1~2个断面,每断面3~7根锚杆(索),每根锚杆2~4测点	0.01MPa	1~2次/d	1次/2d	1~2次/周	1~3次/月

续上表

序号	项目名称	方法和工具	布置	测试精度	量测频率			
					1～15d	16d～1个月	1～3个月	>3个月
7	支护、衬砌内应力	各类混凝土内应变计及表面应力解除法	每代表性地段1～2个断面,每断面3～7个测点	0.01MPa	1～2次/d	1次/2d	1～2次/周	1～3次/月
8	围岩弹性波速度	各种声波仪及配套探头	有代表性地段	—	—			
9	爆破振动	测振及配套传感器	邻近建(构)筑物	—	随爆破进行			
10	渗水压力、水流量	渗压计、流量计	—	0.01MPa	—			
11	地表下沉	水准测量的方法,水准仪、钢尺等	有特殊要求段落	0.5mm	开挖面距量测断面前后<2.5b时,1～2次/d; 开挖面距量测断面前后<5b时,1次/(2～3d); 开挖面距量测断面前后≥5b时,1次/(3～7d)			
12	地表水平位移	经纬仪、全站仪	有可能发生滑移的洞口段高边坡	0.5mm				

注:b代表隧道开挖宽度。

11.3 量测要点

11.3.1 洞内、外观察

1 洞内应进行开挖工作面观察和已支护地段观察。

1)开挖工作面观察应在每次开挖后进行,及时绘制开挖工作面地质素描图,填写开挖工作面地质状态记录表。

2)已支护地段观察应每天进行一次,观察围岩、喷射混凝土、锚杆和钢架等的工作状态。发现围岩条件变差或支护状态结构异常时,应立即上报设计、监理及建设单位,并采取相应措施。

2 在洞外,应观察记录洞口段、偏压段、浅埋段及特殊地质地段的地表开裂、沉降、塌陷,边坡及仰坡稳定状态,地表水渗透情况、地表植被变化等。应与地表下沉、地表水平位移对照分析洞口段边坡稳定性。

3 观察记录应翔实,应与其他量测数据综合分析。

11.3.2 周边位移和拱顶下沉量测

1 周边位移和拱顶下沉量测断面布置间距见表11.3.2-1。

周边位移和拱顶下沉量测断面布置间距　　　　表11.3.2-1

围岩级别	断面间距(m)
Ⅴ~Ⅵ	5~10
Ⅳ	10~20
Ⅲ	20~50
Ⅰ~Ⅱ	50~100

注：有滑移倾向岩层、软岩大变形段或者超浅埋软土地层等特殊地段可适当增加量测断面。

2 周边位移和拱顶下沉的量测频率除应符合表11.2.1的规定外，尚应符合表11.3.2-2和表11.3.2-3的规定。

周边位移和拱顶下沉的量测频率(按位移速率)　　　　表11.3.2-2

位移速率(mm/d)	量测频率
≥5	2~3次/d
1~5	1次/d
0.5~1	1次/(2~3d)
0.2~0.5	1次/3d
<0.2	1次/(3~7d)

周边位移和拱顶下沉的量测频率(按距开挖面距离)　　　　表11.3.2-3

量测断面距开挖面距离(m)	量测频率
(0~1)b	2次/d
(1~2)b	1次/d
(2~5)b	1次/(2~3d)
>5b	1次/(3~7d)

注：1. b代表隧道开挖宽度。
　　2. 变形速率突然变大，喷射混凝土表面、地表有裂缝出现并持续发展时，应加大量测频率。
　　3. 上下台阶开挖工序转换或拆除临时支撑时应加大量测频率。

3 周边位移测点布置应符合下列规定：

1) 全断面法宜设置1条水平测线。

2) 台阶法每个台阶宜设置1条水平测线。

3) 中隔壁法或交叉中隔壁法等分部开挖法，每开挖分部宜设置1条水平测线。

4) 双侧壁导洞法，每开挖分部宜设置1条水平测线。

5) 偏压隧道或者小净距隧道可加设斜向测线。

6) 同一断面测点宜对称布置。

7) 不同断面测点应布置在相同部位。

4 拱顶下沉测点应符合下列规定：

1）双车道及双车道以下隧道每个量测断面应布置 1~2 个测点，三车道及三车道以上隧道每个量测断面应布置 2~3 个测点。

2）采用分部开挖法时，每开挖分部拱部应至少布置 1 个测点。

5 偏压或者大变形隧道，宜根据需要设置整体位移测点。高水压、大变形、膨胀岩土等地段宜在仰拱设置底鼓测点，可与拱顶下沉对应设置。

11.3.3 地表下沉量测

1 应在开挖面距离量测断面 3 倍隧道开挖宽度以前布设地表下沉测点。地表下沉的量测宜与洞内周边位移和拱顶下沉量测在同一横断面。当地表有建（构）筑物时，应在建（构）筑物周围增设地表下沉测点。地表下沉量测断面纵向间距宜符合表 11.3.3 的规定。

地表下沉量测断面纵向间距　　表 11.3.3

埋置深度 h(m)	地表下沉量测断面纵向间距(m)
$h > 2.5b$	视情况布设量测断面
$b < h \leq 2.5b$	10~20
$h \leq b$	5~10

注：1. 无地表建筑物时取表内上限值；
　　2. b 为隧道开挖宽度；h 为隧道埋深。

2 地表下沉测点横向间距宜为 2~5m。量测范围应大于隧道开挖影响范围。在隧道中线附近测点宜适当加密。建（构）筑物对地表下沉有特殊要求时，测点应适当加密，范围应适当加宽。

3 地表下沉量测应在开挖工作面距离测点不小于隧道埋深与隧道开挖高度之和处开始，直到衬砌结构封闭、下沉基本稳定时为止。

4 地表下沉量测频率应根据量测区间段的位置确定：当开挖面距量测断面前后距离 $d \leq 2.5b$（b 为隧道开挖宽度）时，每天 1~2 次；$2.5b < d \leq 5b$ 时，每 2 天量测 1 次；当 $d > 5b$ 时，每周量测 1 次；当有工序转换或出现异常情况时，应适当增大量测频率。

5 应及时计算当次地表下沉变形值和变形速率，绘制地表下沉量与时间关系曲线以及地表横向下沉量与时间关系曲线，回归分析量测结果，预测该测点可能出现的最大地表下沉变形值，评估围岩稳定性。

11.4 量测数据处理与应用

11.4.1 一般要求

1 应成立专门隧道现场监控量测小组，负责日常量测、数据处理和仪器保养维修工作，并及时将量测信息反馈给相关各方。测点埋设宜在施工单位配合下，由量测小组完成。

2 现场监控量测应按量测方案认真组织实施，并与其他施工环节紧密配合。

3 每次量测后，应及时进行数据整理和分析，并绘制量测数据时态曲线和距开挖面距离变化曲线图,绘制地表下沉值沿隧道纵向和横向变化量和变化速率曲线。

4 应根据量测数据处理结果,及时提出调整和优化施工方案和工艺。围岩变形和速率较大时,应及时采取安全措施,并建议变更设计。

5 围岩稳定性、二次支护时间应根据所测得位移量或回归分析所得最终位移量、位移速度及其变化趋势、隧道埋深、开挖断面大小、围岩等级、支护所受压力、应力、应变等进行综合分析判定。

11.4.2 量测数据整理、分析与反馈

1 对初期的时态曲线应进行回归分析,预测可能出现的最大值和变化速度,掌握变化的规律。

2 数据异常时,应及时分析原因,提出对策和建议,并及时反馈有关单位。

11.4.3 围岩稳定性的综合判别

1 实测位移值不应大于隧道的极限位移,并按表 11.4.3 位移管理等级管理。一般情况下,应将隧道设计的预留变形量作为极限位移,应根据检测结果不断修正设计变形量。

位 移 管 理 等 级　　　　表 11.4.3

管理等级	管理位移(mm)	施工状态
Ⅲ	$U < (U_0/3)$	可正常施工
Ⅱ	$(U_0/3) \leq U \leq (2U_0/3)$	应加强支护
Ⅰ	$U > (2U_0/3)$	应采取特殊措施

注:U 为实测位移值;U_0 为设计极限位移值。

2 位移速率大于 1mm/d 时,围岩处于急剧变形状态,应加强初期支护;位移速率在 0.2~1.0mm/d 时,应加强观测,做好加固的准备;位移速率小于 0.2mm/d 时,围岩达到基本稳定。在高地应力软岩、膨胀岩土、流变蠕变岩土和挤压地层等不良地质和特殊性岩土中,应根据具体情况确定判断标准。

3 当围岩位移速率不断下降时,围岩处于稳定状态;当围岩位移速率变化保持不变时,围岩尚不稳定,应加强支护;当围岩位移速率变化上升时,围岩处于危险状态,应立即停止掘进,采取应急措施。

4 初期支护承受的应力、应变、压力实测值与允许值之比大于或等于 0.8 时,围岩不稳定,应加强初期支护;初期支护承受的应力、应变、压力实测值与允许值之比小于 0.8 时,围岩处于稳定状态。

11.4.4 量测资料应包括:

1 现场监控量测计划。

2 实际测点布置图。

3 围岩和支护的位移—时间曲线图、空间关系曲线图以及量测记录汇总表。

4 量测变更设计和改变施工方法地段的信息反馈记录。

5 现场监控量测说明。

12 附属设施工程

12.1 各类洞室及横通道

12.1.1 消防洞、设备洞、车行或人行横通道及其他各类洞室设置应满足设计要求,不得随意改变洞室的位置及大小等。当原定位置地质条件不良时,施工单位应会同监理、设计及建设单位根据实际情况进行调整。

12.1.2 隧道边墙内的各类洞室以及横通道等与主洞连接地段的开挖,应在主洞掘进至其位置时,与主洞同步进行。

12.1.3 各类洞室及横通道与主洞连接地段,应加强支护设计及施工过程控制。

12.1.4 各类洞室及横通道初期支护宜采用锚喷支护,必要时增设钢架支撑,支护应紧跟开挖。

12.1.5 各类洞室及横通道的永久性防排水工程应与主洞同时完成。在与主洞连接的折角处,防水层应根据铺设面的形状平顺铺设,不得缺漏,并应减少搭接。

12.1.6 各类洞室及横通道二次衬砌施工应符合下列规定:

1 与主洞连接处的钢筋应互相连接可靠,绑扎牢固,成为整体。
2 复查防、排水工程的质量,防、排水工程符合设计要求后,方可进行二次衬砌施工。
3 衬砌中各类预埋管件、预留孔、槽及边墙内的各类洞室应按设计位置定位。宜尽早核实各种附属设施之间以及与排水系统之间有无冲突;如有冲突,应会同有关方面尽早解决。架设模板时应将经过防腐与防锈处理的预埋管件绑扎牢固,留出各类孔、槽及边墙内的各类洞室位置。浇筑混凝土时应确保各类预埋管件、预留孔、槽不产生偏移。

12.2 排水沟、电缆沟

12.2.1 排水暗沟、电缆槽应与边墙基坑同时开挖。

12.2.2　排水暗沟应与衬砌排水管路连通,保持顺畅。

12.2.3　水沟可采用预制或现浇。采用预制安装时应保证接头紧密、不渗漏,与相邻路面接缝平整。

12.2.4　电缆槽盖板应集中预制,以提高施工质量。盖板规格应统一,可以互换。

12.2.5　隧道水沟、电缆槽推荐采用自行式液压水沟电缆槽台车进行施工(附录 A.7)。

12.3 蓄水池

12.3.1　施工蓄水池宜结合隧道消防高低水池统一规划施工,永临结合。

12.3.2　蓄水池应选择在地基坚固处,混凝土浇筑应做到外光内实,并有防渗措施,要求无渗漏。

12.3.3　在混凝土达到设计强度后,应进行注水试验。

12.3.4　洞顶设有高压水池时,水池位置宜远离隧道轴线,对水池溢水应有疏导设施。

12.3.5　设置避雷设备时,应进行接地电阻试验,接地电阻应符合设计要求。

12.4 预埋件

12.4.1　通风机的机座与基础应按设计要求施工,并委托第三方单位进行抗拔试验,满足设计要求后方可进行风机安装。通风机底盘与机座相连的地脚螺栓应按设计要求的风机底盘螺栓孔布置预留灌注孔眼。埋设螺栓时,注浆应密实。螺栓应与机座面垂直。

12.4.2　水泵基础应稳固可靠,并按设计要求埋设水泵地脚螺栓或预留孔位。

12.4.3　安装工程所用各种预埋件应按设计进行防锈蚀处理。

12.4.4　预埋钢管管口应打磨平整,管内穿铁丝,并采取防漏浆措施,在二次衬砌混凝土浇筑后进行检查、试通。

12.4.5　预埋在衬砌内的各种管线应置于衬砌界面的中部,管壁距衬砌内外侧边缘不应小于100mm。

12.5 隧道瓷砖

12.5.1　隧道墙面离电缆沟3m范围内宜采用隧道专用瓷砖装饰,瓷砖材质、吸水率、防污性及可见光反射率等指标应满足设计要求。

12.5.2　瓷砖铺贴应执行首件验收制度,长度宜为50m。

12.5.3　瓷砖铺贴应符合下列规定:

1　铺贴瓷砖前,监理单位应对二次衬砌平整度情况进行检查,对于错台严重的应要求采取处理措施。

2 铺贴瓷砖前应浸泡瓷砖至不冒气泡为止,且一般不少于2h。

3 铺贴瓷砖前应将墙体基层清理干净,洒水湿透。铺贴时应先在墙体均匀涂上3～5mm砂浆,再在瓷砖背面均匀涂抹3～5mm砂浆,之后往墙上贴瓷砖,可用橡皮锤轻轻敲击,使其黏结密实。

4 铺贴瓷砖时,横、竖缝应直通、顺直,一般用灰缝材料勾20mm的横缝与10mm的竖缝。外观应平整美观,不得出现凹凸。

5 铺砖后应及早修整灰缝,并在12h内用海绵清洗瓷砖表面水泥。

13 安全生产与文明施工

13.1 施工安全风险评估

13.1.1 隧道开工前,应按照交通运输部《关于开展公路桥梁和隧道工程施工安全风险评估试行工作的通知》(交质监发〔2011〕217号)的要求,进行施工安全风险评估。

13.1.2 宜对下列隧道工程进行施工安全风险评估:

1 穿越高地应力区、岩溶发育区、区域地质构造、煤系地层、采空区等工程地质或水文地质条件复杂的隧道,水下或海底隧道工程。

2 浅埋、偏压、大跨度、断面变化等结构受力复杂的隧道工程。

3 长度3000m及以上的隧道工程,Ⅵ级、Ⅴ级围岩连续长度超过50m或合计长度占隧道全长的30%及以上的隧道工程。

4 连拱隧道和小净距隧道工程。

5 采用新技术、新材料、新设备、新工艺的隧道工程。

6 隧道改(扩)建工程。

7 施工环境复杂、施工工艺复杂的其他隧道工程。

13.1.3 隧道工程施工安全风险评估应分为总体风险评估和专项风险评估。

1 总体风险评估。隧道工程开工前,根据隧道工程的地质环境条件、建设规模、结构特点等孕险环境与致险因子,估测隧道工程施工期间的整体安全风险大小,确定其静态条件下的安全风险等级。

2 专项风险评估。当隧道工程总体风险评估等级达到Ⅲ级(高度风险)及以上时,将其中高风险的施工作业活动(或施工区段)作为评估对象,根据其作业风险特点以及类似工程事故情况,进行风险源普查,并针对其中的重大风险源进行量化估测,提出相应的风险控制措施。其他风险等级的隧道工程,也应视情况确定是否开展专项风险评估。

13.1.4 隧道工程施工安全风险评估工作应包括制订评估计划、选择评估方法、开展风险分析、进行风险估测、确定风险等级、提出措施建议、编制评估报告等方面。

13.1.5 施工单位应根据风险评估结论,完善施工组织设计和危险性较大工程专项施工方案,制订相应的专项应急预案,对项目施工过程实施预警预控。专项风险等级Ⅲ级(高度风险)及以上的施工作业活动(施工区段)的风险控制,还应符合下列规定:

1 重大风险源的监控与防治措施、应急预案,经施工单位技术负责人和总监理工程师审批后,由建设单位组织论证或复评估。

2 施工单位应建立重大风险源的监测及验收、日常巡查、定期报告等工作制度,并组织实施。

3 施工单位项目经理或技术负责人在工程施工前应对施工人员进行安全技术教育与交底;施工现场应设立相应的危险告知牌。

4 适时组织对典型重大风险源的应急救援演练。

5 当专项风险等级为Ⅳ级(极高风险)且无法降低时,应提高现场防护标准,落实应急处置措施,视情况开展第三方施工监测;未采取有效措施的,不得施工。

13.1.6 监理工程师在审查工程施工组织设计文件、危险性较大工程专项施工方案、应急预案时,应同时审查施工安全风险评估报告;无风险评估报告的,不得签发开工令。

13.1.7 工程开工后,监理工程师应督查施工单位安全风险控制措施的落实情况,并予以记录。对施工中存在的重大隐患应及时指出并督促整改。施工单位拒不整改的,应及时向建设单位及公路工程安全生产监督管理部门报告。

13.1.8 风险评估报告经监理工程师审核后应向建设单位报备。对极高风险(Ⅳ级)的施工作业,建设单位应组织专家或安全评估机构进行论证或复评估,提出降低风险的措施和建议;当风险无法降低时,应及时调整设计、施工方案,并向公路工程安全生产监督管理部门备案。

13.1.9 各级交通运输主管部门在履行施工安全监督检查职责时,应将施工安全风险评估实施情况纳入检查范围。对极高风险(Ⅳ级)的施工作业应切实加强重点督查。

13.1.10 隧道工程施工安全风险评估应遵循动态管理的原则。当工程设计方案、施工方案、工程地质、水文地质、施工队伍等发生重大变化时,应重新进行风险评估。

13.1.11 施工安全风险评估工作费用应在项目安全生产费用中列支。

13.1.12 隧道工程施工安全风险评估工作原则上应由施工单位具体负责。当被评估项目含多个合同段时,总体风险评估应由建设单位牵头组织,专项风险评估工作应由合同施工单位具体实施。当施工单位的施工经验或能力不足时,可委托行业内安全评估机构承担相关风险评估工作。评估工作负责人应当具有5年以上的工程管理经验,并有参与类似工程施工的经历。

13.1.13 隧道工程建设各方应主动、及时、动态地进行风险管理,通过风险计划、风险识别、风险估计、风险评价、风险处理和风险监测,优化组合各种风险管理技术,确保风险评估全面、可靠,风险处理合理、有效,风险监测准确,反馈及时。

13.1.14 风险评估工作应形成评估报告。评估报告应反映风险评估过程的主要工作。报告内容应包括评估依据、工程概况、评估方法、评估步骤、评估内容、评估结论及对策建议等。

13.2 安全管理

13.2.1 隧道开工前,施工单位应组织进行技术和安全"三级"交底,并落实岗前教育制度,规范进洞管理。

13.2.2 施工单位应制订专门的应急救援预案,备好应急抢险物资,定期组织应急演练。要求每个工区设置1处抢险物资储备点。

13.2.3 施工单位对建设单位预付的安全生产费用应当专款专用,不得挪作他用。实行工程总承包的,总承包单位依法将工程分包给其他单位的,总承包单位应当与分包单位在分包合同中明确由分包单位实施的安全施工措施和分包工程安全生产费用。总承包单位不得拖欠分包单位的安全生产费用。

13.2.4 隧道洞口应设专人负责人员、材料、设备以及爆破器材进出记录及管控。隧道洞内应设置通信装置,实现洞内信号全覆盖。长、特长及高风险隧道应配置电子门禁系统、视频监控系统和人员识别定位系统,其他隧道可选择使用。

13.2.5 在洞身开挖过程中,为保证洞内工作人员施工安全,隧道掌子面至二次衬砌之间应设置逃生管道。逃生管道的刚度、强度和抗冲击能力应满足安全要求,宜采用质量轻、便于拼接的逃生救援管道,要求管壁厚不宜小于10mm,管径不宜小于800mm,每节管长度宜为5m,逃生管道距离掌子面不大于20m。高压风、高压水钢管应尽可能靠近掌子面。钻孔台车应常备卸管头的扳手和应急照明工具。

13.2.6 应在隧道所有作业台架上安装防护警示彩灯或反光标识,确保车辆通行安全。应在台架底部配置消防器材,便于防范火灾事故。

13.2.7 运输车辆不得人料混装,洞内运输车辆应限速行驶。在洞内倒车与转向时,应开灯、鸣笛。洞口、平交道口和狭窄的施工场地,应设置"缓行"标志,必要时安排人员指挥交通。

13.2.8 爆破作业及火工物品的管理,应符合现行《爆破安全规程》(GB 6722)和属地公安机关的有关规定。对有瓦斯溢出的隧道,应按《煤矿安全规程》要求,并根据隧道的地质情况、瓦斯溢出程度和设备条件,制订适宜的施工方案。

13.2.9 隧道施工中应密切注意围岩及地下水等的变化情况。当施工方法或支护结构不适应实际围岩状态时,应采取应急措施,并经批准后及时采用合适的施工方法或支护结构。

13.2.10 隧道内施工设备应靠边停放,远离爆破点。停放点应选择围岩稳定、支护结构已完成、无渗漏水的位置。

13.2.11 监理工程师应按规定认真审查施工单位的质量安全保证体系,审查隧道施工组织设计中安全技术措施或者专项施工方案是否符合工程建设强制性标准并监督检查实施情况。对危险性较大的分部分项工程,还应当审查施工单位是否单独编制安全专项施工方案,并按规定组织专家进行论证、审查。

13.2.12 监理工程师应认真监督检查施工单位安全生产费用使用情况,监督施工单位将其用于购买和更新合格的安全防护用具和设施,落实安全施工措施,改善安全生产条件。施工现场存在安全事故隐患、未落实安全生产费用的,监理工程师应立即要求其改正,施工单位拒不改正的,监理工程师应当及时向建设单位报告。

13.3 施工供风、供水、供电

13.3.1 施工供风应符合下列规定:

1 空气压缩机站应设在洞口附近,宜靠近变电站,并有防水、降温和防雷击等设施。压力表和安全阀应定期维护保养且每年至少校验一次。

2 空气压缩机站供风能力应满足隧道正常施工需要,供风管路布置应尽量避免压力损失,不宜与电缆、电线敷设在同一侧,隧道掌子面使用风压应不小于 0.5MPa。

3 在空气压缩机站总输出管上应设总闸阀,主管上每隔 300~500m 应分装闸阀。高压风管长度大于 1000m 时,应在管路最低处设置油水分离器,定时放出管中的积油和水。

4 高压风管前端至开挖掌子面宜保持 30m 距离,并用高压软管连接分风器。分风器与凿岩机间连接的胶皮管长度不宜大于 15m。

5 高压风管使用中应有专人负责检查、养护。

13.3.2 施工供水应符合下列规定:

1 按施工需要的供水压力合理选址修建高位水池,水池容量应满足洞内外集中用水的需要,并安装上、下水管路。对于修建高位水池困难的隧道,宜采用变频高压供水装置满足施工需要,并应有备用设备。

2 洞内供水管不宜与电缆、电线敷设在同一侧,隧道工作面供水压力不应小于 0.3MPa。

3 供水管路总输出管上应设置总闸阀,主管上每隔 300~500m 应分装闸阀。洞内水管前端至开挖面宜保持 30m,并用高压软管连接分水器。洞内软管长度不宜大于 50m。分水器与凿岩机间连接的胶管长度不宜大于 15m。

4 管路使用中应有专人负责检查、养护。

13.3.3 施工供电应符合下列规定:

1 施工供电应考虑永临结合。对于短隧道应采用高压至洞口,再低压进洞;长隧道及特长隧道应考虑高、中压进洞,以满足施工需要。应保证施工用电的可靠性,应有备用发电系统以满足停电等应急情况下的施工用电。

2 隧道施工供电应采用三相五线制供电系统,采用 TN-S 接零保护系统,做到"三级配电、两级保护"以及"动照分设"。动力设备应采用三相380V。一般作业地段照明电压不宜大于36V,潮湿和富水地段照明电压不宜大于24V,成洞段和不作业地段照明电压可采用220V,瓦斯地段照明电压不得超过110V,手提作业灯照明电压为 12~24V。选用的导线截面应使低压线路末端要点电压降不应大于10%,36V 线及 24V 线不得大于 5%。高压分线部位应设明显危险警告标志。所有配电箱和开关应全部进行责任人和用途标识。

3 洞外变电站应设置防雷击和防风装置,且宜设在靠近负荷集中地点和电源来线一侧。当变电站电源线需跨越施工地区时,其最低点距人行道和运输线路的最小高度应满足:电压≤10kV 时为 7.0m,10kV < 电压≤220kV 时为 8.0m,220kV < 电压≤500V 时为 14.0m。变压器容量应按电气设备总用量确定,当单台电动设备容量超过变压器容量的1/3 时,宜适当增加启动附加容量。

4 洞内变电站宜设置在干燥的紧急停车带或不使用的横通道内,变压器与周围洞壁的最小距离不应小于 300mm,应按规定设置防护栏(防护网)、灯光警告标志等安全防护设施。洞内变电站之间的距离不宜超过 1000m,应采用井下高压配电装置或相同电压等级的开关柜,不应使用跌落式熔断器,应有防尘措施。

5 成洞地段固定的电线路应采用绝缘良好的橡皮线架设。施工地段的临时电线路应采用橡套电缆,竖井、斜井宜使用铠装电缆。涌水隧道斜井、竖井电动排水设备的电气装置应采用双电源供电,有可靠的切换装置和防水措施。动力干线上每一分支线,应装设开关及保险装置。不应在动力线路上加挂照明设施。

6 洞内供电线路不得与人行道布置在同一侧。照明和动力电线路安装在同一侧时,应分层架设。电线悬挂高度应满足:400V 以下不应低于 2.5m,6~10kV 不应低于 3.5m。瓦斯地段的电缆应沿侧壁铺设,不得悬空架设。架设方式应为:高压在上,低压在下;干线在上,支线在下;动力线在上,照明线在下。

7 施工期间"三管两线"架设安装应顺直、整齐,如图 13.3.3 所示。

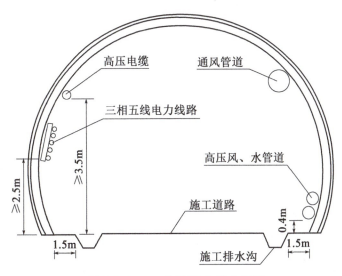

图 13.3.3 "三管两线"架设布置图

13.4 文明施工

13.4.1 施工照明应符合下列规定:

1 成洞段宜 6~8m 设一个固定灯,电线敷设应整齐划一。靠近掌子面 40m 内若无敷线,应配备移动式照明灯具,保证洞内照明充足。

2 不安全因素较大的地段应加大照度。在主要通道、洞内抽水机站应设置安全照明,漏水地段照明应采用防水灯头和灯罩,瓦斯地段照明应采用防爆型器材,具体布置要求见表13.4.1。

洞内照明线路及应急灯布置　　　　　　　表13.4.1

工 作 地 段	照 明 布 置
开挖面后40m以内作业段落	两侧采用36V、500W卤钨灯各2盏
开挖面后40m至二次衬砌作业区段	每隔20m,左、右侧各安设400W高压钠灯1盏
模板台车衬砌作业段	台车前台10~15m增设400W高压钠灯1盏,台车上亮度不足时增设36V、300W或500W卤钨灯
成洞地段	每隔6~8m安装1盏50W节能灯

3 隧道施工照明不应采用白炽灯,宜采用LED等节能光源照明。

4 对各种电气设备和输电线路应有专人经常进行检查、维修、调整等,应符合国家和行业现行有关标准的规定。

13.4.2 通风与防尘应符合以下规定:

1 隧道通风方式的选择与布设应根据长度、施工方法、设备条件、开挖面积以及污染物的含量与种类等情况确定。当主风流的风量不能满足隧道掘进要求时,应设置局部通风系统,并应尽量利用辅助坑道。

2 隧道独头掘进长度超过150m,应采用机械通风,超过1.5km时,宜进行通风设计。通风应能满足洞内各项作业所需最大风量,每人应供应新鲜空气3m³/min,采用内燃机械作业时,供风量不宜小于4.5m³/(min·kW)。全断面开挖时风速不应小于0.15m/s,导洞内风速不应小于0.25m/s,但均不应大于6m/s。

3 通风管与开挖面的距离应根据开挖面大小确定,送风式通风管的进风口宜在洞口30m以外,送风口距开挖面不宜大于15m;排风式风管吸风口不宜大于5m。靠近开挖面的风管应可移动,爆破前从掌子面处移走。

4 送风管宜采用大直径软管,风管接头宜少不宜多,长度可为50~100m。宜适当加密风管吊装间距,吊装间距宜不大于5m。

5 隧道通风机及通风管应设置专人定期维护、修理,如有破损,应及时修补或更换。

6 隧道施工应采用下列综合防尘措施:

1)应采取通风、洒水或喷雾等防尘措施,并按规定时间测定粉尘和有害气体的浓度。

2)钻眼作业应采用湿式凿岩。当水源缺乏或岩性不适于湿式凿岩时,可采用带有捕尘设备的干式凿岩,采用防尘措施后应达到规定的粉尘浓度。

3)凿岩机钻眼时应先送水后送风。

4)放炮后应进行喷雾、洒水,出渣前应用水淋湿石渣和附近的岩壁。

5)施工人员均应佩戴防尘口罩。

6)应在长大隧道压入式出风口设置喷雾器,以增加空气湿度、降低粉尘含量。

7）施工单位应定期组织工人对成洞段路面进行清扫、冲洗。

7 施工过程中，作业环境应符合国家和行业现行有关标准的规定以及相关的职业健康、安全标准，并符合以下要求：

1）空气中氧气含量应大于19.5%，不符合规定时，可通过加大通风量等措施提高空气中氧气含量。

2）隧道内气温不宜高于28℃，高于28℃时宜采取通风、洒水、加冰等措施降低温度。

3）隧道施工中，人员接触噪声40h等效声级应不大于85dB(A)。洞口位于居民区时，噪声声级限值应不大于70dB(A)。

4）应检测洞内粉尘和有毒物质的浓度，并符合现行《公路隧道施工技术规范》(JTG/T 3660)的有关规定，测定方法应符合现行《工作场所空气中有害物质监测的采样规范》(GBZ 159)、《工作场所空气中粉尘测定》(GBZ/T 192)和《工作场所空气有毒物质测定》(GBZ/T 300)的有关规定。

5）在含有毒气体地层隧道施工时，应编制专项施工方案，并建立有效的有毒气体监测、控制和监督制度，并采取防治措施，对作业人员定期体检。

6）在放射性地层隧道施工时，应遵循现行《电离辐射防护与辐射源安全基本标准》(GB 18871)的有关规定，并建立有效的防辐射监测、控制和监督制度，采取措施控制放射性照射剂量，对作业人员定期体检。废气和放射性污染物排放应经审批并严格控制。

附录A 四新技术

A.1 水压爆破施工工艺

隧道开挖采用水压爆破技术,采用水作为不耦合软垫层,可提高炸药能量利用率和光面爆破效果,从而降低单位耗药量,并减少爆破灰尘对环境的污染。

水压爆破施工,采用毫秒微差爆破,与常规爆破施工相比,在炮眼布置、钻孔方式及连线起爆方面基本相同,不同之处在于水袋填充、装药方式、炮眼堵塞等。装药方式可参考以下两种:

1 掏槽眼装药方式(图 A.1-1):水压爆破在掏槽眼、辅助眼、底边眼为连续装药,导爆管起爆,在装药前先在炮眼孔底装入长 20cm 的一节水带,将导爆管插入孔底药卷内,炸药连续均匀装入炮孔内。为克服底部炮眼的阻力,一般将底部药量稍微加大,并在装药结束后装入多节水袋,最后采用 2~3 节炮泥堵塞。

图 A.1-1 掏槽眼装药方式

2 周边眼装药方式(图 A.1-2):周边眼采用水袋间隔、不耦合装药,采用导爆索连接,将导爆索插入孔底药卷内,炸药均匀装入炮孔内。在装药前先在炮眼孔底装入长约 20cm 的一节水带,并在装药结束后装入 2 节水袋,再进行堵塞。

图 A.1-2 周边眼装药方式

装药完成后,采用簇连法连接起爆网络,将每个炮孔内导爆管连接后,再通过导爆管接入起爆器,分上、中、下三个网络起爆。

A.2 格栅钢架加工工艺

格栅钢架加工宜采用定位胎具(图 A.2-1)。胎具采用工字钢冷弯成型后作为模具基础,并按设计尺寸在工字钢模具基础上安设主筋、箍筋卡槽,两端设置活动挡板。

应根据设计图纸加工制作格栅拱架主筋及箍筋,并将主骨架钢筋放置在胎具主筋专用卡槽内,且钢筋一端紧靠胎具端头挡板(挡板为可活动挡板),确保格栅拱架两头连接处在一平面;再将箍筋逐根放置在胎具箍筋卡槽内,并与主骨架主筋焊接成整体;再将花筋逐根安装到箍筋之间并焊接在主筋上;最后取下胎具端头连接板,取出胎具内成品格栅拱架,完成整个加工过程(图 A.2-2)。

图 A.2-1　格栅钢架胎具图

图 A.2-2　格栅钢架加工图

成品格栅钢架尺寸标准统一,且整体性好,无扭曲现象,能较大节约人力及施工成本,提高生产效率、效益。

A.3 模板台车端头合页式钢模

中埋式止水带安装宜采用模板台车端头合页式钢模,即在衬砌模板台车端头加装配备组合式定型钢模(图 A.3-1、图 A.3-2)。端头钢模分为 2 块,一块固定于模板台车上,另一块通过铰接与钢模连接固定。

合页式钢模能保证止水带安装平顺、端头混凝土浇筑密实,提高二次衬砌施工缝防水质量,降低劳动强度,提高工作效率。

图 A.3-1　端头模板安装效果

图 A.3-2　夹具细部图

A.4　衬砌台车分层逐窗浇筑工艺

混凝土输送泵竖向泵管设置在台车中间,采用三通接头泵管接橡胶软管,分流至主料斗。通过采用主料斗、主溜槽、二级料仓和分滑槽结合的方式(图 A.4-1、图 A.4-2)以及各级插板阀门,使混凝土流向各工作窗口,实现二次衬砌混凝土的逐窗进料。

图 A.4-1　主料仓和分滑槽布置图

图 A.4-2　二级料仓、分滑槽布置图

12m 台车单侧宜设置 3 层工作窗口,窗口交错布设,一层窗与二层窗净距高差宜为1.2m,二层窗与三层窗净距高差宜为 1.5m。当衬砌下三层窗浇筑完成后,将输送混凝土至主料斗的橡胶软管换接拱顶泵管口,利用靠近已施工衬砌端拱顶泵管口及台车中间泵管口同时冲顶。拱部三层窗以下主要采用插入式振捣器配以附着式振捣器振捣,三层窗以上部位主要通过平板振捣器振捣。

A.5 台车带模注浆工艺

通过对衬砌台车进行改造,在台车拱顶中心线位置沿纵向方向设置一定数量的注浆孔,并安装注浆固定法兰,在浇筑混凝土前预埋活性粉末混凝土(RPC)注浆管,混凝土浇筑结束后、初凝之前及时从预埋注浆管处进行注浆。

按照衬砌台车模板长度设计注浆孔数量,12m 台车宜设置 4 个注浆孔和 1 个排气/观察孔,孔径为 40mm,主注浆孔(0 号孔)距二次衬砌封闭端 60～100cm,排气/观察孔(4 号孔)距开放端模 100～150cm,1 号、2 号、3 号注浆孔在中间位置均布。拱顶带模注浆时间为衬砌混凝土浇筑完成后 2h 左右,在混凝土初凝之前进行。注浆材料宜采用专用微膨胀、缓凝、早强砂浆,配合比宜根据工艺试验分析确定。注浆由主注浆孔向端模注浆孔依次进行。注浆时,如果台车处压力表超过 1.0MPa 或未注浆孔流出同密度浆体时,可停止注浆并将其封闭。一般除 4 号孔外的每一个注浆孔均需注浆。

A.6 隧道半自动防水板铺挂台车

隧道防水板铺挂宜采用半自动防水板铺挂台车(图 A.6-1)。半自动防水板台车主要由行走系统、门架支撑系统、作业平台、铺挂拱圈、卷扬机自动提升系统五大部分组成。装载防水板于卷扬机提升轮上,启动卷扬机开关,使环向小车行驶至拱圈另一侧底部;再用滚轴将防水板固定在环向小车上,启动操作手柄开关,提升环向小车,开始防水板的铺设作业。

图 A.6-1 铺挂台车拼装

自动防水板铺挂台车能有效使防水板与初期支护面密贴,操作便捷。

A.7 自行式液压水沟电缆槽台车

自行式液压水沟电缆槽台车(图 A.7-1)采用门架式、轨道行走、双电机牵引,沟槽模板通过横梁及液压升降系统(图 A.7-2)悬吊,采用整体模板构成。台车行走钢轨安装位置根据隧道中线确定,两侧对称布置。两侧模板通过液压系统实现升降和横向移动定位。定位完成后,复核水沟电缆槽结构尺寸、平面位置、高程。台车模板通过液压系统和整体台架进行加固,两侧同时进行混凝土浇筑,避免台车发生偏移。

图 A.7-1　自行式液压水沟电缆槽台车　　　　　图 A.7-2　移动和液压系统

自行式液压水沟电缆槽台车可保证水沟电缆槽施工质量,节约人力及施工成本,提高生产效率、效益。

附录B 质量通病及防治

B.1 隧道开挖超、欠挖

B.1.1 通病现象
1 开挖后轮廓线与设计轮廓线相差较大。
2 开挖轮廓表面凹凸不平。

B.1.2 主要原因分析
1 控制爆破设计参数不合理,或未随围岩条件变化调整控爆参数。
2 开挖放样不精确。
3 钻孔操作台架就位不准确,司钻工操作不熟练,爆破钻孔偏位,钻眼间距、深度、外插角等控制不准确。
4 地质条件差,围岩较破碎、节理发育,超前支护施作不到位,爆破后拱顶局部掉块或塌落。
5 局部欠挖未进行处理。

B.1.3 防治措施
1 加强爆破工程师与钻孔人员的信息沟通,针对不同围岩条件动态调整爆破参数。应合理选择周边眼的间距及最小抵抗线;严格控制周边眼药量,并采用合理的装药结构;适当增加开挖断面底部两隅处辅助眼的药量,消除爆破死角,减少角隅处的欠挖。
2 及时校核导线,并应在每循环开挖前准确放样。
3 严格落实钻爆施工技术交底,加强钻爆施工管控,确保钻孔施工质量。
4 地质情况差、局部出现掉块或塌落时,应根据实际情况尽快施作初期支护进行封闭处理。
5 严格按设计要求施作超前支护,加强对外插角、间距、数量、长度、搭接长度等的控制。

6 应及时处理欠挖,特别要注意边墙脚的欠挖处理。

B.2 初期支护与围岩不密贴或存在空洞

B.2.1 通病现象
1 在钢支撑外缘铺设石棉瓦、木板、防水板等杂物,人为造成空洞。
2 在喷层内填塞片石或在钢支撑与围岩间填塞片石、杂物等,造成喷射混凝土实际厚度不足、初期支护与围岩不密贴。

B.2.2 主要原因分析
1 对初期支护与围岩间不密贴或存在空洞的危害认识不足。
2 超挖过大时,未按规范要求进行回填密实。
3 偷工减料。
4 拱架及钢筋网易阻挡喷射混凝土与岩面接触,并形成混凝土壳体,造成空洞。

B.2.3 防治措施
1 提高控爆水平,减少超挖数量。
2 超挖部分应严格按规范要求回填密实。喷射混凝土作业时要严格按照施工工艺施作。
3 超挖过大时,可设钢楔辅助支撑。
4 严格执行初期支护检测验收制度。
5 发现空洞后,应及时进行注浆回填处理。

B.3 防排水质量通病

B.3.1 通病现象
1 施工排水不畅。洞内场地积水、泥泞现象突出,基底长期被水浸泡。
2 防水层铺挂不规范。
3 纵环向排水盲管堵塞、破损、安设不规范。
4 止水带破损或安装方式不正确。

B.3.2 主要原因分析
1 造成施工排水不畅的主要原因:
1)施工场地规划差,对积水产生的危害认识不足。
2)未建立有效的施工排水系统。
2 造成防水板铺挂不规范的主要原因:
1)对防水层铺挂质量不佳可能造成的不良后果(二衬渗漏水)认识不足。
2)防水层未嵌入设备洞室铺设。
3)防水板背后未铺设无纺布;防水板背后处理欠挖后没有复喷、没有切除露头锚杆。

4）防水板搭接宽度不够,或搭接不平顺,或焊缝不牢固、不严密；铺挂松弛度过大或过小,造成混凝土浇筑过程中防水板焊缝开裂、破损。

5）钢筋焊接时烧坏防水板或防水板补丁过多。

6）偷工减料。

3 造成纵环向排水盲管堵塞、破损、安设不规范的主要原因：

1）纵向排水管预留包裹防水层长度不足或未用防水层反卷包裹,浇筑混凝土时侵入管内。

2）安装排水盲管时未采取有效定位和连接措施。环向排水盲管布设起伏不平、不圆顺,喷射混凝土施工时盲管损伤或移位。

3）开挖未预留纵向排水管的安装位置,安装时侵占二次衬砌空间。

4）纵、横向排水管安装坡度或高程控制不满足要求。

5）排水管安设质量检测验收不严格。

4 造成止水带破损或安装方式不正确的主要原因：

1）止水带埋设位置不准确或定位不牢固,浇筑混凝土时止水带扭结。

2）未按设计要求进行搭接,宽度不足。

3）施工过程中止水带破损,未及时修补。

4）反向安装背贴式止水带。

B.3.3 防治措施

1 施工排水应加强下列防治措施：

1）做好洞内场地规划建设,做到人、机、水三路有效分离。

2）顺坡排水时,宜在洞内靠近两侧的位置修建排水沟,并加强日常维护,确保排水畅通。

3）反坡排水时,应根据洞内出水总量及集中出水点情况,分级设置集水坑(井),并及时采用管路进行抽排。

4）抽水设备的功率、数量应满足排水要求,并应有充足的储备。

5）应对膨胀岩、土质地层、围岩松软地段的排水沟和集水坑(井)进行硬化处理。

2 铺挂防水板时应加强下列防治措施：

1）铺挂防水层前,应对铺挂岩面进行修补,确保大面平顺,及时切除裸露的锚杆、钢筋头及临时支撑接头,并采用喷射混凝土或砂浆抹平。

2）应根据初期支护表面平整情况,合理选取防水层松铺系数。

3）铺挂防水层前,应采用塑料管套在仰拱预埋钢筋头上,防止钢筋头损坏防水板。

4）在黏结热塑性热融垫圈与防水板时,严格控制温度或在焊接二衬钢筋时在防水层侧加设隔板,防止烧伤防水层。防水层在铺挂过程中出现破损时,应及时修补。

5）加强防水层铺挂质量检查。

6）浇筑二次衬砌混凝土时,输送泵管不得直接对着防水板,避免混凝土冲击引起防水板滑脱、下滑。

3 安设纵环向排水盲管时应加强下列防治措施：

1）安装排水盲管时应采取有效定位和连接措施,固定牢固。

2）铺设防水层时,应预留足够包裹纵向排水盲管的长度。安装纵向排水盲管时,应采用预留防水层对其反卷包裹,防止混凝土堵塞。

3）开挖时应留足纵向排水管的安设空间。

4）严格控制纵、横向排水管安装坡度和高程。

5）纵向排水管应与环向盲管、横向导水管采用三通连接,接头部位应采用无纺布包裹严密。

6）应及时检查排水管安装质量。

4 安装止水带时应加强下列防治措施：

1）施工中应按设计要求安装止水带,定位准确、牢固,宜采用模板台车端头合页式钢模安装。

2）根据止水带材质和止水部位采用相应搭接方法。

3）二次衬砌混凝土浇筑施工前,应对止水带施工质量进行复查并及时修补。

4）应正确安装背贴式止水带。

B.4 二次衬砌混凝土质量通病

B.4.1 通病现象

1 衬砌厚度不足。

2 衬砌混凝土裂缝。二次衬砌出现纵向、环向、斜向及交叉等裂缝。

3 衬砌混凝土表面蜂窝麻面、错台。

4 二次衬砌混凝土与初期支护间不密贴或存在空洞。

5 二次衬砌混凝土露筋。

B.4.2 主要原因分析

1 衬砌厚度不足的主要原因：

1）对二次衬砌厚度不足带来的结构安全和运营安全隐患认识不足。

2）测量放样不准确,隧道开挖轴线偏位,导致一侧衬砌厚度不够,另一侧超厚。

3）欠挖未处理,侵占了二次衬砌空间,导致衬砌结构厚度不够。

4）初期支护钢架安装偏位,或变形侵入二次衬砌限界后未进行处理。

5）衬砌台车固定不牢,在浇筑混凝土过程中偏移。

6）防水板松弛度过小,导致防水层在衬砌拱部绷紧,侵占了二次衬砌空间;或防水层松弛度过大,形成褶皱堆积,侵占了二次衬砌空间。

7）矮边墙未按设计尺寸立模浇筑,导致墙脚处衬砌厚度不够。

8）边墙脚欠挖或没有预留纵向盲管安装空间,导致纵向排水盲沟侵占二次衬砌空间。

9）拱顶混凝土有空洞未处理,衬砌厚度不足。

2 衬砌混凝土裂缝主要原因：

1）二次衬砌拆模时间过早,混凝土养生不到位。

2）拱顶端头模板部位混凝土浇筑不饱满,在强度较低的情况下受衬砌台车顶推冲击,形成拱顶月牙形裂缝。

3）混凝土浇筑间歇时间过长,形成施工冷缝。

4）初期支护围岩变形未收敛即施工衬砌混凝土。

5）衬砌基底存在虚渣或基础厚度不够,导致不均匀沉降,产生斜向裂缝或纵向裂缝。

6）衬砌混凝土强度、厚度不足,在外力作用下边墙产生龟裂、拱部产生纵向或斜向裂缝。

3 衬砌混凝土表面蜂窝麻面、错台主要原因：

1）混凝土施工配合比不当。

2）混凝土搅拌时间不够或拌和不均匀,和易性差。

3）混凝土未分层浇筑,或振捣不密实、漏振,或振捣时间不足。

4）台车就位前,未对模板进行清洁并涂刷脱模剂,或脱模剂质量差,或涂刷不均匀、漏刷。

5）两侧混凝土灌注面高差较大,造成衬砌台车移位,产生错台。

6）衬砌模板台车就位偏差。

7）模板封堵不严,导致水泥浆流失。

4 二次衬砌混凝土与初期支护间不密贴或存在空洞的主要原因：

1）防水层铺挂不符合规范要求,松弛度过小产生紧绷,造成防水层后空洞。

2）混凝土胶骨比过大,干缩造成二次衬砌与初期支护间不密贴。

3）拱顶混凝土有空洞,施工不饱满。

5 露筋的主要原因：

1）浇筑混凝土时,钢筋保护层垫块漏装、数量少或垫块强度不足,致使钢筋紧贴模板。

2）钢筋保护层较小,混凝土振捣不密实,靠近模板侧缺浆或漏浆。

3）浇筑混凝土时振捣棒碰撞钢筋,使钢筋移位。

B.4.3 防治措施

1 衬砌厚度不足的控制与防治措施：

1）提高开挖及初期支护施工测量放样精度,台车就位前应复核检查,避免偏位。

2）铺挂防水层前,应检测二次衬砌断面空间,发现侵限及时处理。

3）应进行防水层铺挂松紧度检查,松紧应适度。

4）应对衬砌台车就位的准确性进行检查,并对端头模板处和振捣窗口处的衬砌厚度进行检查。

5）采用台车带模注浆工艺,拱顶混凝土初凝前及时从预埋注浆管处注浆,确保拱顶混凝土浇筑饱满。

6）浇筑拱顶混凝土时,应按隧道纵坡由低向高顺序推进。

7）及时对二次衬砌质量进行检测，发现衬砌厚度不足时，应根据欠厚情况制订相应方案进行处理。

2 衬砌混凝土裂缝控制与防治措施：

1）严格选用符合设计及规范要求的原材料及合理施工配合比。

2）严格按规范要求控制拆模时机。

3）加强衬砌混凝土养生。

4）加强施工组织协调，保障衬砌混凝土连续浇筑。混凝土间歇浇筑时间应小于前层混凝土初凝时间，超过允许间歇浇筑时间时，应按施工缝进行处理。严格按接缝施工工艺进行混凝土接缝施工。

5）衬砌基底围岩出现明显软硬不均时，应在交界处设置沉降缝。

6）无仰拱地段浇筑混凝土前，应清除边墙基底虚渣、积水、杂物等；有仰拱地段浇筑混凝土前，应对接触面按施工缝要求进行处理。

7）模板台车就位前应严格检查净空断面及防水板铺挂松紧度；模板台车就位后应严格检查端头模板处和振捣窗口处的衬砌厚度，保证衬砌结构厚度。

3 衬砌混凝土表面蜂窝麻面、错台的控制与防治措施：

1）严格选用合理施工配合比，控制混凝土拌和质量。混凝土拌和均匀，坍落度、下料高度适合。

2）模板台车每次使用前应进行清洗，并均匀涂刷质量合格的脱模剂。

3）衬砌台车准确就位后，应及时启用闭锁装置并加强稳定支撑措施，防止在混凝土浇筑过程中跑模。

4）混凝土应对称分层浇筑，严格控制两侧混凝土灌注面高差。

5）严格控制混凝土振捣工艺，做到不漏振、不过振，同时应特别注意曲墙反弧部位的提浆排气振捣。

6）浇筑混凝土前，应严密封堵各种缝隙，防止漏浆。

4 二次衬砌混凝土与初期支护间不密贴或存在空洞的控制与防治措施：

1）严格按照规范及设计要求铺设防水层，松弛度适当并固定牢固。

2）浇筑拱顶混凝土时，应按隧道纵坡由低向高顺序推进。

3）加强拱顶混凝土施工管理，采用台车带模注浆工艺，预埋压浆管进行拱部压浆处理，确保顶部混凝土饱满密实。

4）及时对二次衬砌质量进行检测，发现空洞时，应根据空洞大小制订相应方案进行处理。

5 露筋的控制与防治措施：

1）确保垫块数量、强度满足要求，绑扎牢固。浇筑混凝土前，应加强检验，保证钢筋位置准确和保护层厚度满足设计要求。

2）振捣混凝土时不得撞击钢筋。

3）表面露筋时，应刷洗干净，宜采用环氧砂浆抹平；露筋较深时，应凿除薄弱混凝土和突出颗粒,洗刷干净,用比原来强度等级高一级的细石混凝土回填密实。

B.5 预埋预留质量通病

B.5.1 通病现象
1 预留洞室遗漏或偏位。
2 预留洞室几何尺寸不符合设计要求。
3 预埋管遗漏、偏位或堵塞,管内未穿铁丝。

B.5.2 主要原因分析
1 未按设计桩号施工,或施工放样不精确。
2 预留洞室模板刚度不足,或模板尺寸不符合设计要求。
3 预留洞室模板固定不牢固,在浇筑过程中产生移位、变形。
4 安装预埋管线时,未采取有效定位与管口封堵措施。

B.5.3 防治措施
1 应进行精准测量放样,不得随意改动预留预埋洞室位置及大小,严格按照设计图纸施工。
2 预留洞室模板应定制成型且具有足够的刚度,安装时应固定牢固,确保在浇筑混凝土过程中不跑模、不移位。
3 预埋管内应预穿一根铁丝,并采取有效的管线定位与管口封堵措施。